MARTIN MALIRSCH

DESILLUSION

Neubewertung der geoökonomischen, geopolitischen Weltordnung

MARTIN MALIRSCH

DESILLUSION

Neubewertung
der
geoökonomischen, geopolitischen
Weltordnung

Rediroma-Verlag

Bibliografische Information der Deutschen Nationalbibliothek:
Die Deutsche Nationalbibliothek verzeichnet diese Publikation in der Deutschen Nationalbibliografie; detaillierte bibliografische Daten sind im Internet über http://portal.dnb.de abrufbar.

ISBN 978-3-98527-701-8

Umschlaggestaltung: Martin Malirsch

www.rediroma-verlag.de
9,95 Euro (D)

„Der Kalte Krieg ist vorbei. Die Welt befindet sich auf einer neuen Etappe ihrer Entwicklung. Wir verstehen, ohne eine moderne, dauerhafte und standfeste internationale Sicherheitsarchitektur schaffen wir auf dem Kontinent nie ein Vertrauensklima. Ohne ein Vertrauensklima ist kein einheitliches Großeuropa möglich."

Wladimir Putin,

Rede im Deutschen Bundestag, 25. September 2001

AUTOR

Martin Malirsch, Jahrgang 1944, ab 1967 Lehrtätigkeit Kunst/Visuelle Kommunikation, Gesellschaftslehre. Ausbildung von Lehrkräften im Referendariat, Ausbildung und Betreuung von Lehramtsstudierenden in Schulpraktischen Studien bis 2016.

Bisherige Veröffentlichungen:

- DROHENDE APOKALYPSE
  Abkehr vom exponentiellen Ressourcenverbrauch
  Adaption sozial-ökologischer Transformationen
  Aufbau zukunftsorientierter Resilienzen, 2021
  ISBN 978-3-98527-021-7
- FRAGILE DEMOKRATIE IN SCHIEFLAGE,
  Gestörter gesellschaftlicher Zusammenhalt, 2020
  ISBN 978-3-96103-771-1
- POLARISIERUNGS-TENDENZEN
  in EMOTIONALISIERTEN
  GESELLSCHAFTEN.
  Erodierende Mitte – erstarkende Ränder, 2019
  ISBN 978-3-96103-539-7
- RESSOURCENQUELLE GEHIRN
  Wirkmächtige Beeinflussung
  des Bewusstseins, 2018

ISBN 978-3-96103-415-4

- SOCIETY 5.0 Die ultrasmarte Gesellschaft
  Der Geist aus der Flasche, 2017
  ISBN 978-3-96103-261-7
- Europäisches Projekt im Dilemmamodus Verwerfungen durch Vielfachkrisen, 2016
  ISBN 978-3-96103-001-9
- Digitale Netzwerkgesellschaft | Realutopische Szenarien zur Zukunftsfähigkeit, 2015
  ISBN 978-3-86870-894-3
- Hegemoniale Weltumordnung
  |Globalisierungsinduzierte Erosionen, 2014
  ISBN 978-3-86870-735-9
- Big Data | Büchse der Pandora, 2013
  ISBN 978-3-86870-598-0
- Wertebildungsprozesse in der Marktgesellschaft, 2013
  ISBN 978-3-86870-564-5
- Kerngeschäft Unterricht | Akzentuierte Bestandsaufnahme der Paradigmenwechsel, 2013
- ISBN 978-3-86870-505-8

Aus Gründen der leichteren Lesbarkeit wird im vorliegenden Text die gewohnte männliche Sprachform bei personenbezogenen Substantiven und Pronomen verwendet. Dies impliziert jedoch keine Benachteiligung des weiblichen oder diversen Geschlechts, sondern soll im Sinne der sprachlichen Vereinfachung als geschlechtsneutral zu verstehen sein.

„Und wir müssen feststellen: Je enger die Welt zusammenwächst, desto heftiger prallen ihre Gegensätze aufeinander. Wirtschaftliche Globalisierung allein garantiert eben noch keine politische Annäherung, geschweige denn eine verlässliche Ordnung."

FRANK-WALTER STEINMEIER

INHALT

„Wir wollen ein Zeichen setzen für eine kooperativ ausgerichtete Sicherheitspolitik, die weit über militärische Friedenssicherung hinausgeht. Ein umfassendes Sicherheitsverständnis muss zentrale Aspekte, wie die Bewältigung der Folgen des Klimawandels, die Bekämpfung von Pandemien, die Sicherung der Energie- und Rohstoffversorgung und den Aufbau international vertraglich gesicherter Liefer- und Wertschöpfungsketten umfassen. Gleichzeitig fordern wir, zivile Instrumente der Diplomatie, der Entwicklungszusammenarbeit und einer fairen Handelspolitik, der humanitären Hilfe und der Konfliktprävention deutlich aufzuwerten".

Kasseler Aufruf zum Antikriegstag, 1. September 2022,

Vorwort

Umbrüche in der Weltpolitik zeichnen sich deutlich ab. Die Weltgemeinschaft sieht sich vor globalen Herausforderungen. Die multilaterale Weltordnung erlebt eine sich abzeichnende fortschreitende Erosion aufgrund der Neuorientierung der USA, Russlands und Chinas, aber auch hinsichtlich innereuropäischer Spannungen.

Eine neue Epoche der Bipolarität der Welt wirft Fragen auf hinsichtlich künftiger geopolitischer Strukturen und geoökonomischer Entwicklungen.

2009 definierte US-Präsident Obama die internationale Rolle seines Landes neu:
Bei gleich bleibender globaler Verantwortung wurde die Gewichtung militärischer Mittel reduziert, autoritäre Regime erfuhren eine verminderte Unterstützung. Eine stärkere Ausrichtung mit Freihandelsabkommen im asiatischen Raum zielte auf eine wirtschaftliche Bindung einzelner Regionen.

Präsident Putin setzte seine Politik russischer Selbstbehauptung mit zunehmendem Nachdruck fort. Das Großmachstreben Russlands sollte durch Destabilisierung das Übergreifen demokratischer Protestbewegungen verhindern, die Annexion der Krim und das militärisches Vorgehen in der Ostukraine 2014 beendete die erhofft dauerhafte Friedensordnung.

2012 wurde Xi Jinping zum Vorsitzenden der KP Chinas und 2013 zum chinesischen Staatspräsidenten gewählt. Als Reformer trat er entschlossen für wirtschaftlichen und politischen Wandel in der Volksrepublik auf, erlangte die Kontrolle der KP und verstärkte zunehmend den internationalen Einfluss.

Die Erwartungen im Westen orientierten sich überwiegend an der Modernisierungshypothese. Man müsse nur intensiv mit China Handel treiben, dann werde die Demokratisierung schon kommen, so US-Präsident George H.W. Bush 1992.
Allerdings trat das nicht ein, sondern es folgte eine ideologische Rückbesinnung.
„Historische Erfahrungen haben gezeigt, dass unsere politische Macht nur mit Diktatur zu konsolidieren ist. Eigentlich sollten wir unser Volk Demokratie genießen lassen. Um aber unseren Feinden überlegen zu sein, müssen wir Diktatur praktizieren - die demokratische Diktatur des Volkes", so Xiaoping Deng.
In der westlichen Tradition des ordnungsökonomischen Denkens werden Konsistenz der Ordnungen, des Zusammenspiels politischer, rechtlicher, kultureller, gesellschaftlicher und ökonomischer, als prägend für marktwirtschaftliche Demokratien betont, im Grundsatz der freien Wahl, Konflikte systematisch regelhaft aufzulösen, ohne dabei jemanden zu überfordern.

„Die Kategorisierung der Welt nach gut und böse ist auf Dauer nicht durchhaltbar. Die treibenden Kräfte hinter dem Gezeitenwechsel sind der Krieg, die Energiepreisexplosion und die von dort auf alle anderen Produkte übergesprungene Inflation. Den Regierungschefs geht es jetzt nicht mehr um die Verteidigung von Werten, sondern um die Rettung ihrer heimischen Legitimationsbasis.
Die Währung, in der am Wahltag gezahlt wird, sind eben nicht Werte, sondern ist Wohlstand.
Wer nicht liefert, wird abgewählt“.

Gabor Steingart

Einführung

Das bisherige System der geoökonomischen und geopolitischen Weltordnung steht unter enormem Druck. Bislang dominieren zwei Mächte den geopolitischen Wettbewerb: China und die USA. Der Angriffskrieg auf die Ukraine dürfte Russlands Versuch sein, selbst wieder als Großmacht in den Hierarchien eine Rolle zu spielen. Die Gelegenheit schien günstig, denn aus russischer Sicht erscheint die USA innenpolitisch tief gespalten und mit sich selbst und der Konkurrenz mit China beschäftigt, so dass man ein Eingreifen in Europa als kalkulierbares Risiko einstufte. Aus der Sicht Putins bot sich für eine Rückkehr seines Landes in die Welt der Großmächte eine Gelegenheit, verstärkt durch die Annahme innenpolitischer Konflikte und Divergenzen in den Demokratien. Russland will auch auf Kosten erheblicher wirtschaftlicher Nachteile aufgrund tief gehender Sanktionen westlicher Demokratien geopolitische Macht gewinnen. Die globale wirtschaftliche Integration, beruhend auf den Grundsätzen der Verlässlichkeit und der Berechenbarkeit, wird massiv durch den Krieg in der Ukraine gestört.

Auf den ersten Blick scheint Peking diese Entwicklung mit Genugtuung zu beobachten, denn der Blick auf den Krieg in Europa bindet Kräfte und Aufmerksamkeit der USA für den Indo-Pazifik, was den maritimen Interessen Chinas in dieser Region zugute kommt und einen neutralen Standpunkt in dem Krieg gegen die Ukraine einzunehmen versucht. Pekings Führung interpretiert diesen Konflikt als „Stellvertreterkrieg“ zwischen den USA und Russland, in dem China keine Partei ergreifen will.

Internationale Politik scheint zusehends mehr vom Zugewinn an politischer Macht und geopolitischem Einfluss auf die globale Ordnung geprägt, als vom ökonomischen Vorteil einer effizient und möglichst konfliktfrei organisierten, arbeitsteiligen Weltwirtschaft.

Das Zeitalter des Vorrangs der Geoökonomie wird abgelöst durch ein neues Zeitalter der Geopolitik, eine Zeitenwende.

Eine neue Weltordnung muss von der Suche nach einer neuen Balance geleitet werden:

einem ausgewogenen, angemessen Gleichgewicht von Konfrontation, Konkurrenz und Kooperation.

Für eine stabile internationale Ordnung müssen gerade die mächtigen Staaten und weltweiten Institutionen, allen voran die UN und ihr Sicherheitsrat, gemeinsame Prinzipien garantieren: die territoriale Integrität von Staaten, die nationale Souveränität, das Verbot eines Angriffskrieges und die Lösung von Konflikten durch Verhandlung und durch Verträge.

Nachfolgende Ausführungen zeigen auf, wie Störungen der bisher geltenden Weltordnung ihren Ausgang nahmen, sich entwickelten und wie die internationale Politik Überlegungen anstellt und Maßnahmen zur Konfliktlösung aktiviert.

„Jetzt allerdings sollte es auch dem Letzten klar geworden sein, dass an die Stelle von Vertrauen und vertrauensfördernden Maßnahmen generalisiertes Misstrauen angezeigt ist.“

Herfried Münkler, Politologe

Gestörte Friedensordnung

Erklärtes Ziel der deutschen Außenpolitik Deutschlands war über viele Jahrzehnte die Integration Russlands in eine europäische Friedensordnung.

Als treibende Kraft bei der Nato- und EU-Osterweiterung unterstützte sie die Nachfolgestaaten der Sowjetunion bei ihren mühsamen Reformen. Im August 1970 war der Moskauer Vertrag die erste Station der neuen Ost- und Entspannungspolitik in der sozialliberalen Ära, beschlossen zwischen Bundeskanzler Willy Brandt und dem sowjetischen Ministerpräsidenten Alexei Nikolajewitsch Kossygin.

Man einigte sich nach zähen Verhandlungen auf ein Gewaltverzichtsabkommen, um den internationalen Frieden aufrechtzuerhalten und um Konflikte nur friedlich zu lösen.

Im August 1975 wurde dieser Entspannungsprozess mit der Konferenz für Sicherheit und Zusammenarbeit in Europa, die KSZE, in Helsinki erweitert, in der Hoffnung der Ostblock liberalisierte sich durch diese Entspannungspolitik mit dem Ziel, sich dauerhaft in das Weltsystem zu integrieren und die Gegnerschaft zum Westen abzubauen.

Kommunisten und Kapitalisten verzichteten auf die Idee von Endsieg und Finalität und waren von der Idee der „Friedlichen Koexistenz“ anscheinend überzeugt.

Doch die jahrelange Partnerschaft zwischen Washington und Moskau erlebt eine zunehmend aggressivere Rhetorik aus dem Kreml, und Wladimir Putin zerstört jede Hoffnung auf friedliche Zusammenarbeit: Krieg gegen eine demokratisch gewählte Regierung schockiert die westliche Welt. Die Integration Russlands in eine europäische Friedensordnung ist gescheitert.
Die westlichen Demokratien stehen vor den Herausforderungen einer neuen Geopolitik.
Russland soll fortan nicht mehr als Partner akzeptiert werden, sondern als Gegenspieler in einem unüberschaubaren und ungewissen Konfliktszenario: Im existenziellen Konflikt mit dem Anspruch liberaler Demokratien des Westens mit einer regelbasierten internationalen Ordnung setzt Putin seine Hoffnung in der Auseinandersetzung mit dem Westen. Eine westliche Demokratiemüdigkeit ist nachweisbar, eine neue Faszination des Autoritären ist weltweit spürbar. Freiheit und Demokratie befinden sich weltweit auf dem Rückzug, autokratische Regime nehmen zu und werden immer mächtiger. Zwischen 1970 und 2010 hat sich zwar der Anteil demokratischer Regierungen in der Welt um mehr als 53 Prozent verdoppelt, aber seither geht es kontinuierlich abwärts. Autokratien werden wirtschaftlich immer erfolgreicher.
Der Nahrungsmittelkrise und hohen Energiepreisen, ausgelöst durch den Ukraine-Krieg, muss Europa begegnen, d.h. die strategischen Auseinandersetzung verlangt auch eine Zusammenar-

beit mit Partnern, die westliche Wertvorstellungen nicht wirklich teilen: Der Blick richtet sich auf die notwendige Diversifizierung von Energie- und Rohstoffquellen, von Lieferketten und Zusammenarbeit von Herkunfts- und Absatzmärkten. Einige Wirtschaftsunternehmen suchen nach neuen Lieferketten, reduzieren ihre Abhängigkeiten von einzelnen Ländern und verlagern ihre Produktionskapazitäten. Flucht von ausländischem Kapital aus China und mit ihr eine Vielzahl internationaler Arbeitskräfte, zeigen den Rückzug des Zeitalters der Globalisierung an.
Jerome Powell, Chef der US-Notenbank Fed, sieht darin sogar eindeutige Zeichen, dass die Globalisierung nicht nur ins Stocken geraten sei, sondern „den Rückwärtsgang einlegt habe".
Weltkrisen in Folge wie Finanzkrise, globale Inflation, Flüchtlingskrise, Brexit, Klimakatastrophe, Pandemie und jetzt Krieg in der Ukraine deuten auf gewaltige Umbrüche hin. Globalisierung war die bestimmende Weltordnung mit dem Ziel einer modernen, liberalen und demokratischen, Wohlhaben schaffenden Welt. Das „System internationaler Zusammenarbeit, das in den vergangenen Jahrzehnten Freiheit, Sicherheit und Wohlstand garantiert hat", stehe zur Disposition, so Bundeskanzler Olaf Scholz Ende Mai 2022 in Davos.
Nationen streben weltweit wieder nach ökonomischer Unabhängigkeit. Noch enger zusammenzurücken, Handel, Unternehmen, Wirtschaft noch viel mehr zu vernetzen. war nicht nur ein ökonomisches Phänomen, sondern wirtschaftliche Ver-

bindungen sollten auch gemeinsame Werte schaffen, vor allem: Frieden.

„Freiheit ist wichtiger als Freihandel und der Schutz unserer Werte ist wichtiger als der Profit", so Jens Stoltenberg, Nato-Generalsekretär.

Die Stärke des Rechts gegenüber dem Recht des Stärkeren muss obsiegen, so die EU, USA und Nato zur aktuellen Lage. Die Rechtfertigung einer uneingeschränkten Hyperglobalisierung [1] als dominante politische Ordnung mit westlicher Marktwirtschaft in liberalen Demokratien, die sich zwingend durchsetzen, hat sich als Fehleinschätzung erwiesen. Die Vision einer neuen Weltordnung von 1989, die auf friedlicher Zusammenarbeit und Respekt für das Völkerrecht basiert, endet 2022 in einem Kalten Krieg 2.0. Aus Sicht des ehemaligen Vorsitzenden der Münchner Sicherheitskonferenz, Wolfgang Ischinger, muss Deutschland als Folge des Ukraine-Krieges seine Außen- und Sicherheitspolitik völlig neu aufstellen. „Kein Land, das ich kenne, ist durch diesen unprovozierten militärischen Angriff in wesentlichen Grundannahmen seiner Außen- und Sicherpolitik so erschüttert worden wie Deutschland",

---

[1] Francis Fukuyama, „Ende der Geschichte" , 1989
Der Autor vertrat die These, eine sich abzeichnenden Auflösung des Systemkonflikts zwischen kapitalistischer Demokratie und planwirtschaftlichem Staatskommunismus. ein- weltweit sich ausbreitender Sieg des ökonomischen und politischen Liberalismus.

sagte Ischinger bei einer Tagung beim „Salzburg Summit“, Juli 2022
Ischinger forderte zudem, dass die deutsche Regierung unter anderem eine derzeit fehlende systematische Risikoeinschätzung auf die Beine stelle. Außerdem solle sich Berlin aktiv für ein Ende des Einstimmigkeitsprinzips in der Außen- und Sicherheitspolitik der Europäischen Union einsetzen - etwa durch die Ankündigung, künftig keine Vetos einzulegen.

Krisentendenzen der Hyperglobalisierung wie Weltfinanzen, Migration, Pandemie drohende Klimakatastrophe und aktuell Krieg mit den global sicht- und erlebbaren Folgen verlangen unaufschiebbar nach einer Erneuerung der Weltordnung. Kleine Korrekturen im Glauben immer weiteren Wachstums werden nicht ausreichen, um den fragil gewordenen sozialen Frieden zu bewahren, insbesondere mit Blick einer Destabilisierung der demokratischen Prinzipien.

„Wir müssen arbeiten an einer Sicherheitsarchitektur in der Welt, die Frieden sichert und nicht immer gefährlicher und riskanter wird“

Olaf Scholz (Juni, 2022 G7-Gipfel)

Sinneswandel

Die Politik Deutschlands hing lange an der Illusion einer deutsch-russischen Partnerschaft.
„Wandel durch Annäherung", „Wandel durch Handel“ erwiesen sich als kollektive Fehleinschätzung aufgrund wachsender Entfremdung zwischen Russland und dem Westen.
Der Ökonom Daron Acemoglu sah den Slogan „Wandel durch Handel“ schon immer eher skeptisch. Die Vorstellung, dass Globalisierung die politischen und wirtschaftlichen Systeme einander annähere, die seien immer Wunschdenken. Das hätte jeder wissen müssen, der die Geschichte der vergangenen tausend Jahre ein bisschen kenne, Handel sei immer auch eine Kraft, die Unterschiede verstärkt habe.[2]
„Der Überfall auf die Ukraine am 24. Februar 2022 markiert eine „Zeitenwende“ in der Geschichte unseres Kontinentes“, so Olaf Scholz, in seiner Regierungserklärung am 27. Februar 2022.
Diese Zeitenwende werde Einfluss auf immer mehr Bereiche unseres Lebens haben, es müsse deutlich über das Verhältnis der beiden Staaten hinaus gedacht werden, mehr als eine Korrektur der Russlandpolitik

---

[2] Vgl. Interview mit Patrick Bernau, https://www.faz.net/aktuell/wirtschaft/schafft-handel-noch-wandel-herr-acemoglu-18287935.html

Deutschland sei lange auf die Bewahrung des Ist-Zustandes ausgerichtet gewesen und habe deshalb nach der russischen Annexion der ukrainischen Krim im Jahr 2014 an seiner partnerschaftlichen Strategie gegenüber Moskau festgehalten, so Wolfgang Ischinger, ehemaliger deutscher Botschafter in Washington bei einer Tagung beim „Salzburg Summit" im Juli 2022 :„In der Sicherheitspolitik, in unserer Russlandpolitik, in unserer Energiepolitik sind wir am „Ground Zero" und müssen ganz neu anfangen".

Die Zukunft des Welthandels, Demokratie und des Multikulturalismus müssen neu überdacht werden. Die Globalisierung steht mit der Demokratie in einem Verhältnis voller Spannung. Was in den demokratisch geprägten Staaten- so beispielsweise inbesondere die exportorientierte deutsche Wirtschaft zu Wohlstand geführt hat, könnte in einer Welt geopolitischer Neuordnung signifikante Änderungen erfahren.
Die europäische Abhängigkeit von russischen Energielieferungen aufgrund einer überwiegend dominierenden merkantilistischen Politik erfährt seine Schwächen mit dem Überfall Russlands. „Wir haben uns zu lange und zu einseitig auf Energielieferungen aus Russland verlassen. Die alte Gleichung, dass Russland auch in Krisen ein verlässlicher Wirtschaftspartner ist, gilt nicht mehr", Olaf Scholz in seiner Eröffnungsrede, 12. Juni 2022, beim ostdeutschen Wirtschaftsforum in

Bad Saarow. Vertreter aus Wirtschaft, Politik, Wissenschaft und Verwaltung wollen die Chancen und Herausforderungen aktueller Transformationsprozesse diskutieren: Energieversorgungssicherheit und Bezahlbarkeit in Zeiten von Krisen und Klimawandel.
In der EU findet ein Sinneswandel statt. Die Verteidigung des liberalen Projekts des Westens in Europa erfordert militärische Abschreckung. Ein Paradigmenwechsel findet statt: Geld wird nicht nur wie bisher zur Bereitstellung von Infrastruktur, für nichtletale Ausrüstung und Hilfsgüter eingesetzt, sondern ebenso für militärisches Gerät und Waffensysteme, d.h. Befähigung zur militärischen Abschreckung und Eindämmung des Autoritarismus in der unmittelbaren europäischen Nachbarschaft.
„Si vis pacem para bellum" – „Wenn du den Frieden willst, bereite den Krieg vor". Aufrüstung ist aus dieser Sicht Friedenspolitik.
„Pazifismus auf Kosten anderer ist zynisch", so ehemalige Bundestagspräsident Wolfgang Thierse (SPD) in Richtung Ostermärsche.

Man habe es jetzt mit einem skrupellosen Gegenspieler in Russland zu tun, dem man nicht mit pazifistischen Antworten begegnen könne. Man brauche die Fähigkeit zur Abschreckung und eine funktionsfähige Armee", so Ralf Fücks, Mitbegründer der Denkfabrik „Zentrum Liberale Moderne". Appeasement gegenüber einem Aggressor schafft keinen nachhaltigen Frieden. Mit einem

Kapitulationsfrieden würde die europäische Friedensordnung mit dem Bruch des Völkerrechts dramatisch politische Glaubwürdigkeit einbüßen.
„Frieden schaffen ohne Waffen“ (80er Jahre)– dieser Slogan der Friedensbewegung wird heute aufgrund des erbarmungslosen Angriffskrieges von der Mehrheit der Bevölkerung als utopisch angesehen, ohne explizit bellizistisch gestimmt zu sein. Sicherheit durch eigene militärische Stärke hält heute die Mehrheit der Bürger für ein überzeugendes Konzept.
Einseitige Vorleistung bei der Abrüstung hält nur noch jeder Dritte für aussichtsreich, gegenüber 59 Prozent am Ende der 80er-Jahre. Die Mehrheit ist überzeugt, dass sich ein Staat durch einseitige Abrüstung erpressbar macht.
Binnen weniger Monate sind Russland und der Westen zurückgekehrt in jene Verhältnisse des Kalten Krieges, die zu verlassen Jahrzehnte gebraucht hat.
Die Friedensdividende aus einem Vierteljahrhundert nach 1989 ist aufgezehrt, das politische Vertrauenskapital zwischen Ost und West fast vollständig aufgebraucht.
Putin ist davon überzeugt, dass Russland und seine Verbündeten den längeren Atem haben, der Westen im Abstieg begriffen ist und an seinen eigenen inneren Widersprüchen und Demokratiemüdigkeit zugrunde gehen wird.
So nutzt Putin beispielsweise die weltweite Abhängigkeit u. a. von Getreide, die Welt zu erpressen.

Mit der russischen Ausfuhrblockade des Exports Millionen Tonnen Lebensmittel, die in den Silos verrotten, werden Millionen Menschen in Afrika und Asien hungern. Putins „Hungerplan" verfolge drei Hauptziele. Erstens, die Exporte der Ukraine abzuschneiden, um sie als Staat zu zerstören. Zweitens, Instabilität in Europa zu schaffen, indem man Menschen aus Gebieten wie Nordafrika und dem Nahen Osten, die auf die Lebensmittel der Ukraine angewiesen sind, zur Flucht drängt. Drittens wolle Putin die Massenverhungerung als „Kulisse für einen Propagandawettbewerb" nutzen, so die Überlegungen des Yale-Historikers Timothy Snyder, Experte für Autoritarismus.
Putin versucht somit, dem Westen die Schuld an der weltweiten Lebensmittelversorgung zu geben, um die Aufhebung der Sanktionen gegen Russland zu erreichen.
Präsident Putin befahl zudem dem Verteidigungsminister und dem Generalstabschef vor laufenden Kameras, die russischen Atomstreitkräfte in einen höheren Alarmstatus zu versetzen: Diese Drohungen werden als Gegenreaktion auf die massiven wirtschafts- und finanzpolitischen Sanktionen westlicher „unfreundlicher“ Staaten begründet.

„Wir befinden uns seit zwei, drei Tagen in einer anderen Welt. An die Stelle einer regelgebundenen, wertegetriebenen Weltordnung treten demnach Einflusszonen. Der Westen könne seine Werte in seiner eigenen Einflusszone zur Geltung bringen. Er könne aber nicht erwarten, dass diese Werte auch außerhalb gelten, 2022

Herfried Münkler. Politikwissenschaftler

Drohung: Auslöschung der Ukraine

24. Februar 2022: Russland unter Wladimir Putin startet einen brutalen Angriffskrieg gegen die Ukraine; die westliche Welt ist zunächst fassungslos, ohnmächtig und sprachlos. Eine übermächtige Weltmacht greift rücksichtslos seinen Nachbarn, die Ukraine, an. Die demokratisch-freiheitlichen Bewegungen in der Ukraine stören das Großmachtstreben Putins.

Fiona Hill, Putin-Biografin und Beraterin dreier US-Regierungen, erklärt, Putin sehe sich in einer Reihe mit historischen Figuren wie Katharina II. und Peter I, die den Beinamen "Große" tragen.

Russlands Präsident Putin sieht Parallelen zwischen seiner Politik und jener Peters des Großen während dessen Krieg gegen Schweden im 18. Jahrhundert. Putin erklärte nach einem Besuch einer Ausstellung zum 350. Geburtstag Peters des Großen in Moskau, es könne der Eindruck entstehen, dass der Zar etwas „an sich gerissen" habe, indem er gegen Schweden kämpfte. Doch Peter der Große habe „nichts genommen, er hat es zurückgeholt".

Das „Zurückholen und die Stärkung" sei auch heute Aufgabe der Verantwortlichen in Russland, so der Kremlchef.

Den Staat und sich sehe er als Einheit er verknüpfe sein persönliches Schicksal mit ihm. Druck auf Russland betrachte er demzufolge als Angriff auf sich selbst, der engste Kreis Putins teilt seine imperialistische und revanchistische

Sicht auf Russland und stärkt ihn in seiner Paranoia, Russland sei umzingelt von Feinden. Putins Anspruch richtete sich auf Territorien, die früher zur Sowjetunion oder zum Zarenreich gehört haben, selbst Finnland könne sich dann seiner Grenzen nicht mehr sicher sein, weil Putin alle Grundlagen einer regelbasierten internationalen Ordnung ablehnt.

Putins Hauptziel in diesem Krieg ist zunächst die „Russifizierung" oder „Entnatofizierung", die Zerstörung der Ukraine, die er als ein „Anti-Russland"-Projekt sieht. Aus seiner Sicht nutzt der Westen das ukrainische Territorium als Brückenkopf für prowestliche, antirussische geopolitische Aktivitäten; geopolitisch betrachtet sieht sich Putin im Krieg gegen den Westen auf ukrainischem Gebiet.
Russland unter Putin ist schleichend von einem autoritären zu einem totalitären Regime übergegangen; massive Unterdrückung, Propaganda, rigide eingeschränkte Meinungs- und Medienfreiheit, Bedrohung demokratischer Lebensweisen dominieren und enden in der Absichtserklärung der totalen Vernichtung der Ukrainer. Luftschläge auf ukrainische Städte, Infrastruktur, aber auch zivile Einrichtungen wie Schulen, Krankenhäuser, Schutzräume zeugen von der gewaltsamen Unterwerfung, einer Zerstörung der Ukraine als Staat und Nation –ein beispielloser Eroberungs- und Vernichtungskrieg.

Dmitri Medwedew, Ex-Präsident und jetziger Vizechef des russischen Sicherheitsrates, stellt grundsätzlich die Existenz der Ukraine als souveränen Staat infrage: Das Land könnte „von der Weltkarte" verschwinden, verantwortlich dafür sei der Westen.

Der ukrainische Präsident Wolodymyr Selenskyj wirft Russland eine Politik des Terrors vor. „Terror auf dem Gebiet der Ukraine, Terror auf dem Energiemarkt in Europa, nicht nur in unserem Land. Terror auf dem Lebensmittelmarkt, und zwar weltweit".

Die entgrenzte Brutalität, der blanke Terror, mit der die Angreifer vorgehen, wird sichtbar und wohl auf ewig werden Namen wie Butscha, Kramatorsk, Mariupol mit dem Grauen des Kriegs verbunden bleiben.

„Die Art und Weise, in der Russen jetzt über die Ukrainer sprechen, ist genozidal. Sie reden davon, dass Ukrainer Menschen sind, die es nicht verdienen zu existieren, die von der Landkarte gefegt werden müssen, dass ihre „Rasse", sogar ihr Name ausgelöscht werden muss. Die Ukraine sei kein richtiges Land. Russische Soldaten in der Ukraine erklären den Ukrainern, dass sie sie vom Schmutz befreien müssen, dass sie von der Erde entfernt werden müssen. „Diese Art der Sprache kennen wir aus der Nazivergangenheit", so die amerikanische Historikerin Anne Applebaum.[3]

---

[3] Vgl. Applebaum. Anne, „Roter Hunger", Siedler Verlag, München 2019

Selenskyj fordert in einer Videoansprache, Russland aus der Unesco, der Kultur- und Bildungsorganisation der Vereinten Nationen, auszuschließen. „Das ist brutale Aggression. Das ist Imperialismus. Und das werden wir niemals akzeptieren", so Bundeskanzler Scholz.
Die Ex- Bundeskanzlerin Angela Merkel bewertet den Angriff auf die Ukraine als „tief greifende Zäsur". Russlands Einmarsch in das Nachbarland markiere einen eklatanten Bruch des Völkerrechts; diesem barbarischen Angriffskrieg Russlands müsse Einhalt geboten werden, sie unterstütze Anstrengungen der Bundesregierung, der EU, der USA, der NATO, der G7 und der UN, die überfallenen Ukraine habe das Recht auf Selbstverteidigung.
Wirtschaftliche Sanktionen gegen Russland, eine möglichst schnelle Abnabelung von russischen Öl- und Gaslieferungen und seltenen Erden sowie militärische und finanzielle Hilfen für die Ukraine sind die ersten Reaktionen des Westens.

Am 28. Februar 2022 formulierten 94 Staaten unter dem Titel „Aggression gegen die Ukraine“ für eine Resolution der UN-General-Versammlung. Der Resolutionsentwurf wurde von den 94 Staaten eingebracht. Im Gegensatz zu den Resolutionen des UN-Sicherheitsrates sind jene der UN-Generalversammlung
völkerrechtlich nicht bindend, kann jedoch dadurch politisches Gewicht haben, dass sie einen

Entschluss einer Mehrheit der Mitgliedstaaten darstellen.
Der Beschluss richtet sich deutlich gegen Russland. Die Resolution verlangt unter anderem „eine sofortige Einstellung der Feindseligkeiten der Russischen Föderation gegen die Ukraine, insbesondere aller Angriffe auf Zivilpersonen und zivile Objekte". Moskau müsse seine Streitkräfte unverzüglich aus der Ukraine zurückziehen, Angriffe unter anderem auf Schulen und Krankenhäuser müssten aufhören.
Die Resolution warnte auch vor einer globalen Hungerkrise wegen des großen Anteils von Getreideexporten aus der Ukraine. Außerdem dürften Flüchtlinge – insbesondere aus Drittländern – nicht rassistisch behandelt werden, heißt es darin.
Da sich der UN-Sicherheitsrat wegen des Vetos von Russland nicht auf eine Verurteilung des Angriffs einigen konnte, umging man dies mit dem Treffen der Generalversammlung* und verurteilte den Krieg gegen den Widerstand Russlands. Das Ergebnis der Abstimmung am 2. März 2022 ergab: Von insgesamt 193 Stimmen stimmten 141 zu, 5 stimmten dagegen (Russland, Belarus, Eritrea, Nordkorea und Syrien), 35 enthielten sich, 12 waren nicht anwesend.

* Vgl. Anhang S.107

„Die ideologische und militärische Konfrontation des Kalten Krieges ist zwar vorbei, doch die geopolitische Rivalität, die ihm zugrunde lag, ist geblieben."

Sergej Karaganow,
Präsident des Russischen Rats für Außen- und Verteidigungspolitik

Krisenmodus

Der Krieg in der Ukraine macht besonders deutlich, wie ein autoritäres Exportland den steigenden Verbrauch der Energieträger wie Erdöl und Erdgas als geopolitische Druckmittel nutzt.

Europa ist von fossilen Energieträgern abhängig. Deswegen erhält die Dekarbonisierung Europas zunehmende Priorität im Blick auf gewachsener Abhängigkeiten und insbesondere der notwendigen Energiewende hinsichtlich drohender Klimakatastrophe.

Es gilt über eine neue Weltwirtschaftsordnung nachzudenken, die einerseits in offenen Weltmärkten freien Warenaustausch garantiert unter begründetem Vorrang von staatlichen Interessen statt Geschäftsinteressen und andererseits gleichzeitig die Klimakatastrophe abzuwenden imstande ist.

Im Mai 2022 spricht Klaus Schwab, Gründer und Vorsitzende des Weltwirtschaftsforums (WEF) in Davos von einer „Systemkrise“, von der Welt im Krisenmodus, mehrere lebensbedrohende Krisen seien gemeinsam und gleichzeitig zu bewältigen: Krieg Russlands, die Nahrungskrise - der Ausfall ukrainischer Getreidelieferungen, der vor allem in Afrika zu Hungersnöten zu führen droht-unterbrochene Lieferketten, Waffenlieferungen, der Erfolg von Sanktionen und Klimaschutzmaßnahmen.

Der Schweizer Bundespräsident Ignazio Cassis bezeichnete in seiner Eröffnungsansprache zum

Auftakt des WEF den Krieg in der Ukraine als eine Aggression, die alles missachte, was die Staatengemeinschaft in Jahrzehnten an zivilisatorischem Fortschritt erreicht habe, einem souveränen Volk werde die Existenzgrundlage abgesprochen. Gegenüber der brachialen Verletzung fundamentaler Werte, sei aber Demokratie stärker als Gewaltherrschaft und Völkerrecht stärker als Unterwerfung. Doch die Diskussionen am WEF zeugen auch von westlicher Ratlosigkeit und einem beklemmenden Gefühl der Machtlosigkeit. „Wem kann ich noch vertrauen?“, sei mit dem Ausbruch des Krieges in der Ukraine die zentrale Frage, die Individuen, Unternehmen und Staaten in Zukunft vor allem beschäftigen werden.

Wie kann der erwünschte Sieg der Ukrainer für die freie Welt – „Wir kämpfen für eure Werte“- erzielt werden, auch wenn solidarische und weltverbessernde Absichtsbekundungen wenig Realitätsnähe und hohe Unsicherheit aufweisen.

Papst Franziskus, das Oberhaupt der katholischen Kirche, appelliert im Blick auf die Agression "an die Verantwortlichen der Nationen", in dem Konflikt "echte Verhandlungen über einen Waffenstillstand und eine nachhaltige Lösung" aufzunehmen, denn auf der Menschheit laste der Albtraum des Krieges.

Die Freiheit gebe es nicht umsonst. "Wir wollen eine demokratische, unabhängige, souveräne und wohlhabende Ukraine, die über die Mittel zur Abschreckung und Verteidigung gegen weitere Aggressionen verfügt", so Biden. Die USA würden mit ihren Partnern weiter an Sanktionen gegen Russland arbeiten.

Annalena Baerbock warb für eine strategische Neuausrichtung der Russlandpolitik der EU.
Vier Punkte umfasst der Vorschlag in Absprache mit ihrer französischen Kollegin Catherine Colonna: Stärkung der eigenen Wehrhaftigkeit, die Unterstützung von russischen Regimegegnern, die Unterstützung der Ukraine sowie die Zusammenarbeit mit weltweiten Partnern bei der Verteidigung des internationalen Rechts. Dieser Vorschlag wurde den anderen Mitgliedstaaten zu dem informellen EU-Außenministertreffen an 24. August 2022 in Prag als Diskussionsvorschlag zugeschickt. „Um künftigen Aggressionen vorzubeugen, muss sich Russlands Krieg gegen die Ukraine in ein strategisches Scheitern verwandeln“, so die Außenministerin Baerbock. Strategische Kommunikationsbemühungen sollten deswegen darauf abzielen, zu zeigen, wie die Unterstützung für die Ukraine langfristig die Sicherheit Europas erhöhe und warum Sanktionen notwendig und effizient seien.
Baerbock war gleichzeitig mit einer Äußerung bei einer Podiumsdiskussion in Prag in die Kritik geraten; sie verspreche den Ukrainern, sie so lange wie nötig zu unterstützen, und dass sie deshalb auch liefern wolle – unabhängig davon, was ihre deutschen Wähler darüber denken. Die Reaktion folgte umgehend: Die Bundestagsabgeordnete Sevim Dağdelen, Linke, kritisierte, eine Außen-

ministerin die nach dem Motto „Ukraine first, Bürger egal“ handle, sei ein „Totalausfall“, die AfD- Vorsitzende Alice Weidel forderte sogar einen Rücktritt der Ministerin.

Nach Darstellung des Auswärtigen Amts, Ministeriumsbeauftragte für strategische Kommunikation, Peter Ptassek, sei es ein sinnentstellender Videoschnitt prorussischer Accounts mit gezielter Desinformation.

„Die Globalisierung, wie wir sie kannten, wird nicht mehr zurückkommen"

Martin Brudermüller, BASF

Systemwettbewerb: „Friend-Shoring“

Diesmal ist es keine Konfrontation zwischen Kapitalismus und Kommunismus, sondern zwischen zwei gegensätzlichen Prinzipien der internationalen Politik: Dem Primat der militärischen Macht, das Jahrtausende das Weltgeschehen bestimmte, und einer modernen Überzeugung, dass die Menschheit nur überleben kann, wenn sie auf Grundlage verbindlicher Regeln zusammenarbeitet.

Eine neue Blockbildung demokratischer Westen gegen Russland, China und anderen autoritären Staaten gilt es zu verhindern.

In der neuen Weltunordnung müssen sich Demokratien zur Verständigung zusammenfinden, unerlässlich erscheint „team-building“ in einer Welt von Einzelakteuren.

Bewusst und nachdrücklich muss ein Signal für Kooperation, Demokratie und Multilateralismus ausgesandt werden, gerichtet gegen Politiker und Despoten wie z.B. aktuell in Russland Wladimir Putin, der größte geostrategische Gegner und Expartner, der mit der Destabilisierung westlicher Demokratien eine existenzielle Bedrohung darstellt; sein wirksamstes Mittel in dem von ihm veranlassten Überfall auf die Ukraine ist, durch ständige Eskalationsdrohungen Ängste in den Gesellschaften zu schüren, um so einen Keil in den Westen zu treiben. Mit seiner intensiven Diplomatie tarnt er seine mörderische Politik zudem als antikolonialistischen Widerstand.

G7 muss klar und deutlich darlegen, wie sie der Putin-Agression auf allen Ebenen begegnen will: Ordnend und wertegebunden agierend, nicht nur unmittelbaren eigenen Interessen verfolgend, sondern im Blick auf einen universellen Anspruch westlichen Liberalismus. Zentrale Kernaufgabe des weltwirtschaftlichen Krisenmanagements werden Energiekrise, Nahrungsmittelkrise, Inflation, Klimaschutz, Pandemiemanagement und internationaler Terrorismus benannt.

Mit dem Projekt „Partnerschaft für Globale Infrastruktur“ sollen bis 2027 insgesamt 600 Milliarden US-Dollar für Infrastrukturprojekte in ärmeren Ländern zur Verfügung gestellt werden, um diesen Staaten eine Alternative zu chinesischen Finanzierungshilfen zu bieten.

Allerdings gibt es einen sich immer deutlicher abzeichnenden Systemwettbewerb oder geoökonomischen Wettstreit der westlichen Demokratien und Industrienationen mit Ländern wie Russland und China.

Einige Unternehmen aus den USA, Deutschland und anderen westlichen Ländern begrenzen schon ihre Geschäfte in Staaten, zu denen das politische Verhältnis angespannt ist – nicht nur in Russland, sondern auch in China und einigen asiatischen Staaten. Man handelt nicht mehr global, sondern am liebsten nur noch mit befreundeten Ländern: „Friend-Shoring“.

Hauptziel dieses grundlegenden Wandels ist die Sicherung von Lieferketten durch die Umwand-

lung von Offshoring -das Auslagern einiger Produkte und Rohstoffe- in beschränkten Handel auf einen Kreis vertrauenswürdiger Nationen, nicht mehr Freihandel sondern sicherer Handel.
Weltweit streben Nationen wieder nach ökonomischer Unabhängigkeit.
Ein Paradigmenwechsel weg von der Effizienz („Just in Time“) hin zu mehr Resilienz („Just in Case“) beschleunigt den seit längerem im Verborgenen wirkenden Trend der Deglobalisierung.
Aber auch geoökonomische wie geopolitische Motive sprechen für die Verkürzung und Entflechtung von Lieferketten und treiben die Abschottung von Märkten voran. Am Ende dieser Entwicklung könnten rivalisierende Blöcke stehen, die den Zugang unliebsamer Konkurrenten zu ihren Märkten nicht nur erschweren, sondern sogar unterbinden. Die Neuorganisation der Weltwirtschaft entlang geopolitischer Interessen setzt Schlüsselindustrien wie beispielsweise die deutsche Autoindustrie unter Druck. Ein stagnierendes Wachstum verschärft Verteilungskonflikte innerhalb und zwischen den Gesellschaften: Deutschland wird daher sein exportorientiertes Wirtschaftsmodell überdenken müssen.
Deutschlands Unternehmen sind vor tief greifenden geopolitischen Veränderungen gewarnt, mit gravierenden Folgen für Lieferketten, Produktion und Strategie. Eine verstärkte Blockbildung in der internationalen Politik infolge des Ukrainekrieges wird befürchtet, eine stärkere Lokalisierung der Lieferketten ist zu erwarten. Der Handel und da-

mit verbundenen Investitionen werden zukünftig politisch erschwert. „Geopolitische Risiken würden ein entscheidender Faktor für unternehmerische Strategien", so Alexander Börsch, Chefvolkswirt der Unternehmungsberatung Dedloitte. Eine neue Weltordnung wird Entscheidungen im Blick haben nicht nur über Krieg und Frieden, sondern insbesondere wie die globalen Energie-, Produktions-, Distributions- und Finanzsysteme der Zukunft aussehen sollen.

Auf dem Gipfel der G20 der Außenminister und Außenministerin, Annalena Baerbock, im indonesischen Bali, Juli 2022, verurteilten alle 19 Staaten den brutalen Angriffskrieg Russlands als größte aktuelle Gefahr. Unter den G20 trugen allerdings Staaten wie China, Indien, die Türkei oder Südafrika das westliche Sanktionsregime gegen Russland nicht mit. China und Indien kompensieren sogar Energieexportausfälle Moskaus durch verstärkten Einkauf von russischem Gas, Kohle und Öl.

Außerhalb der G20 ist die Unterstützung für den Kurs des Westens nicht eindeutig, so wird nach haltbaren Allianzen gegen Putins Imperialismus gesucht, bevor im November 2022 das Gipfeltreffen der Staats- und Regierungschefs der G20 in Bali stattfindet.

Eine mögliche Teilnahme von Kremlchef Wladimir Putin steht als Entscheidung noch an, einige Staaten haben ihre Teilnahme infrage gestellt, sollte er persönlich erscheinen.

Im November 2022 in Bali treffen die Staaten der G20 auf sehr unterschiedliche Interessen und Lager: Demokratien gegen Autokratien, Industrieländer gegen Schwellenländer, USA gegen China. Staats- und Regierungschefs stehen vor gewaltigen Problemen, denn auf die angekündigte Einladung von Wladimir Putin durch die indonesische G20-Präsidentschaft werden Überlegungen getroffen, ob das Treffen überhaupt stattfinden oder man wegbleiben soll,
Ein Boykott des Gipfels vonseiten der größten Industriestaaten könnte Putin helfen, sich als Ausgestoßener zu inszenieren, der aus seiner Sicht vom Westen schon immer bekämpft wurde. Der Westen geriete möglicherweise in Gefahr, sich geopolitisch selbst zu isolieren.

Der russische Außenminister Sergej Lawrow verließ G20 demonstrativ vorzeitig, ohne die Wortmeldungen seiner Kritiker anzuhören, desinteressiert, was in Berlin, Washington oder Paris von dem russischen Angriffskrieg gehalten wird. Er warf dem Westen vor, den Übergang zu einer friedlichen Lösung des Konflikts in der Ukraine zu verhindern. Außenministerin Baerbock hingegen warf Lawrow Gesprächsverweigerung vor, gerade bei der wichtigen Frage der Bewältigung der weltweiten Ernährungskrise sei Lawrow nicht anwesend gewesen.
Die führenden Industriestaaten der G7 unterstützen jetzt gemeinsam die Staaten des globalen Sü-

dens, in Sorge, dass die Menschen nicht in eine noch dramatischere Hungersnot geraten.
Die Amerikaner forcieren eine Allianz der Demokratien; im Demokratiegipfel teilte Jo Biden die Welt stärker in Demokratien und Autokratien ein. Die Bundesregierung mit Olaf Scholz stellte jedoch die regelbasierte internationale Ordnung in den Mittelpunkt, so dass Länder, die nach westlichen Maßstäben keine Demokratien oder nur Semidemokratien sind, nicht notwendigerweise ausgeschlossen werden sollten. Das Ende der regelbasierten internationalen Ordnung könnte sonst zu katastrophalen Folgen weltweit führen.

Die Globalisierung hat in den vergangenen Jahrzehnten den Wohlstand der Welt enorm gesteigert. Dieser relative Reichtum scheint gefährdet zu sein: Wenn die Globalisierung eingeschränkt wird oder gar wegfällt, wird Europa das schlechter verkraften als Amerika oder China.

Noch dramatischer wird es für die armen Länder. In den vergangenen Jahrzehnten hat der internationale Handel Milliarden von Menschen aus bitterer Armut geholt, die Kindersterblichkeit ist aufgrund weltweiten Austauschs von Wissen und Medikamenten deutlich zurückgegangen. Den Handel mit Indien, mit Afrika oder mit Südostasien zu stärken, raten in der derzeit politisch fragilen Stimmung vorausschauend schon eine wachsende Zahl von Politiker und Wirtschaftsunternehmer.

Dem „Index der menschlichen Entwicklung" (Human Development Index, HDI) zufolge, den die UN-Entwicklungsprogramm (UNDP) jährlich veröffentlicht, haben sich die Lebensverhältnisse der Menschen im Jahr 2021 in neun von zehn Ländern verschlechtert, durchschnittliche Lebenserwartung, Einkommen, Bildungsniveau und Lebensstandard. Ein so flächendeckender Rückgang wie 2021 hat es laut UNDP-Chef noch nie gegeben. Wichtigste Auslöser des Rückgangs sind dem Bericht zufolge die Corona-Pandemie, politische, finanzielle und klimabedingte Krisen. Dies führe zu einem verbreiteten Gefühl von „Verzweiflung, Frustration, Zukunftsangst", so Achim Steiner, UNDP-Leiter.

„Ja, es hat Zeiten in der Geschichte unseres Landes gegeben, in denen wir gezwungen waren, uns zurückzuziehen – aber nur, um unsere Stärke wiederzuerlangen und nach vorn zu gehen."

Wladimir Putin

Jede Phase seiner Karriere nutzte Putin in vollem Umfang die Methoden, Kontakte und Netzwerke des KGB.[4]

Die „Silowiki“ beschreibt den engsten Kreis Putins. Stellvertretend seien einige eng vertraute Mitstreiter aufgelistet:

Nikolai Patruschew, mächtiger ehemaliger Chef des russischen Inlandsgeheimdienstes, Nachfolgeorganisation des KGB.

Wiktor Iwanow, ehemaliger Kollege Putins beim Leningrader KGB

Wiktor Tscherkessow, ehemaliges führendes KGB-Mitglied, Putins Mentor, der ihn nach Moskau begleitete und sein enger Berater blieb.

Sergej Iwanow, ehemaliges Leningrader KGB-Mitglied, das in den Neunzigern zu einem der jüngsten Generäle des russischen Auslandsgeheimdienstes ernannt wurde.

Dmitri Medwedew, ehemaliger Jurist, der mit Anfang zwanzig als Stellvertreter Putins in der Petersburger Stadtverwaltung begann und ihn danach weiter begleitete, zunächst als stellvertretender Leiter, dann als Leiter der Präsidialverwaltung

---

[4] Belton Catherine „Putins Netz – Wie sich der KGB Russland zurückholte und dann den Westen ins Auge fasste“, HarperCollins, 2022

und später als Putins zwischenzeitlicher Platzhalter im Präsidentenamt.

.

Putins Macht und Einfluss werden von KGB nahen Geschäftsmännern innenpolitisch und weltweit verstärkt.
Gennadi Timtschenko, Mitgründung eines der ersten unabhängigen Ölhandelsunternehmen
Juri Kowaltschuk, übernahm Bank Rossija, eine Petersburger Bank, »Privatbank« Putins und anderer hoher russischer Funktionäre.
Arkadi Rotenberg, früherer Judopartner Putins, stieg unter seiner Präsidentschaft zum Milliardär auf, weil der Staat seine Unternehmen mit gewaltigen Bauvorhaben beauftragte.
Wladimir Jaufakunin, ehemaliges hochrangiges KGB-Mitglied, der mit Kowaltschuk zusammen die Bank Rossija übernahm.
Semjon Mogilewitsch, bekannt als der „Pate mit Köpfchen", Verwalter der Finanzen der mächtigsten kriminellen Vereinigungen Russlands, u. a. „Solnzewskaja", er schleuste Geld in den Westen und baute ein Drogen- und Waffenhandelsimperium auf.
Mit Putins Übernahme strategisch wichtiger Branchen ging es nicht nur um die Kontrolle über die nationale Wirtschaft, weniger für das Wohlergehen des russischen Volkes, sondern um Machtbewusstsein, eine demonstrative Einflussnahme des Landes auf der Weltbühne.
Putins System stellt sich als hybrider KGB-Kapitalismus dar, eine Anhäufung von Vermögen,

um damit Amtsträger im Westen zu kaufen und zu korrumpieren.
Putin, ehemaliger Offizier des Geheimdienstes KGB, konnte so ein weltweites Agentennetz aufbauen.
Offensiv angelegte Angriffe von Putins Agenten infiltrieren immer hemmungsloser westliche Geheimdienste und unterwandern Deutschland: Sie infiltrieren Computernetze, sie spionieren, agitieren und sabotieren und manipulieren. Es sind hochbezahlte Topagenten („Illegale“ genannt) mit von langer Hand aufgebauten Tarnidentitäten.
So wurde mit dem russischen Angriffskrieg die Bedrohung durch Spionagetätigkeit, Cyberangriffen und Desinformationskampagnen auch ein intensivierter digitaler Angriff um Einfluss und Macht ausgelöst, mit dem Ziel der Destabilisierung der Gesellschaft und der liberalen Demokratien.

»Russische Mafiabosse, ihre Mitglieder und ihre Verbündeten ziehen in Westeuropa ein, sie kaufen Immobilien, eröffnen Bankkonten, gründen Unternehmen, dringen Stück für Stück ins Gesellschaftsgefüge vor, und bis Europa sich dessen bewusst ist, wird es bereits zu spät sein.«

Bob Levingston, ehemaliger FBI-Agent

Russofaschismus: Putinismus

Michail Kasjanow- bis 2004 Regierungschef unter Präsident Putin –sieht heute in Moskau ein KGB-System „kompletter Rechtlosigkeit".
Putin habe in den vergangenen 20 Jahren ein auf Angst und Straflosigkeit basierendes System errichtet, das mit Unterstützung Putins als Staatschef in einer noch zynischeren, brutaleren Weise vorgeht, als es im Endstadium der Sowjetunion der Fall war. In der russischen Elite der Verantwortlichen erwarte niemand eine Bestrafung:
Putins Macht stützt sich vor allem auf ein Netzwerk früherer KGB-Agenten, dessen Einflussnahme weit über Russland hinausreicht. Catherine Belton, ehemalige Moskaukorrespondentin der Financial Times, gibt Einblick in die Strukturen des KGB -ein mafiöses Geflecht aus Kontrolle, Korruption und Machtbesessenheit. Antikapitalistische, antibürgerlichen Prinzipien des sowjetischen Staates waren abgeschafft, Putin und seinen KGBler kontrollierten mithilfe eines Netzwerks treuer Verbündeter die Wirtschaft, Justiz und politisches System, alle Macht vereint in einem neuen System, als Instrument dienend zur Selbstbereicherung am neuen Kapitalismus.

In Putins Russland heißt die Partei der Macht „Einiges Russland", es gibt keinerlei Ideologie und keinerlei Programm, außer Putin. In diesem System entziehen sich die Machthaber gänzlich der

Kontrolle der Gesellschaft und diese wird weitgehend entmündigt.

In Russland gebe es gar keine Gesellschaft, sondern nur eine atomisierte Bevölkerung, so das Ergebnis des Beitrags der Soziologin Natalja Sokkaja vom Lewada.Zentrum, 2016[5]

Die russische Propagandamaschine suggeriert: Russland lieben bedeute Putin. Das Land würde ohne den Präsidenten ins Chaos stürzen. Chaos ist das Schreckgespenst, was alle fürchten - und lähmt daher jeden Wandel. Ihnen wird eingetrichtert, dass sie permanent von außen bedroht werden und Schutz brauchen.

Viele Russen ertragen deswegen die Realität der Invasion in der Ukraine nur, indem sie die Realität von sich fernhalten. Stabilität ist den meisten Russen wichtiger als Demokratie. Armee, Präsident, Geheimdienst, diesen Institutionen vertrauen sie am meisten. Krieg wird als „Spezialoperation" bezeichnet, dies zu kritisieren, bedeutet Gefängnis. „Spezialoperation“ zu unterstützen oder sich ihr anzuschließen, wird belohnt.

Es gibt keinen legitimen Weg, sich dem entgegenzustellen oder sich da herauszuhalten. Die Gesellschaft wird mit der Idee, Putin sei unfehlbar, mobilisiert.

.

[5] Das Lewada-Zentrum, Russlands einziges unabhängiges Meinungsforschungsinstitut, ist Anfang September 2017 vom russischen Justizministerium als "ausländischer Agent" registriert worden

Der US-Journalist Joshua Yaffa [6]porträtierte Menschen, die sich keine Illusion über die wahre Natur des Staates machen, die lieber mit dem Strom als gegen ihn schwimmen, nach Freiräumen und Schlupflöchern suchen. Viele balancieren zwischen ihren eigenen Zielen und den Anforderungen eines repressiven Staates, ein Aufstand gegen das System ist eher nicht zu erwarten.
Der Staat darf nicht kritisiert werden, jede Form der Opposition bedeutet Landesverrat.
Seit einigen Jahren prägt Russlands Präsident Wladimir Putin den Begriff der „Russkij mir", also einer russischen Welt. Auch in seiner jüngsten Rede an die Nation hob er die Tradition eines einheitlichen, historischen Russlands hervor, in der Russen, Belarussen und Ukrainer ein Volk seien.
Zentral erscheint die Verklärung des Russentums auf der einen und die Dämonisierung des Westens auf der anderen Seite, d.h. das „Eigene" wird über alle Maßen verklärt und das „Fremde" dämonisiert.
Den Hass auf den Westen und dessen Ablehnung hat Putins Regime als Grundüberzeugung legitimiert: im Staatsfernsehen, in politischen Talkshows mit aggressiver Rhetorik, Verachtung und

[6] Yaffa, Joshua, „Die Überlebenskünstler" Econ-Verlag, Berlin 2021

Fluch in derben Witzen und chauvinistischen Auslassungen.

Der Westen erscheint prinzipiell böse, unmoralisch und ungerecht, „sein“ Russland hingegen uneingeschränkt gut, moralisch integer und gerecht.

Gräueltaten im Krieg in der Ukraine sind sichtbare Ergebnisse des erklärten Rechts auf Hass.

Putins abenteuerlicher Versuch Russland in diesem Sinn zu enteuropäisieren und in dic patriarchale Vormoderne zurückzuführen, stellt für das Land einen katastrophalen Rückschlag dar.
Russland sei eine „asiatische“ Despotie“, so der Sozialwissenschaftler Karl Ausgust Wittfogel. Die despotische Herrschaftsform zeichnet sich dadurch aus, dass individuelle Eigentumsrechte nur eine untergeordnete und geringfügige Rolle spielen, dem Staat gehört die Mehrheit von Grund- und Boden. Die herrschende Klasse definiert sich aufgrund ihrer Zugehörigkeit im Staatsapparat, nicht im Besitz und Eigentum von Produktionsmittel. Außerhalb des Machtzentrums und Staatsapparats existieren keine autonomen Gruppen.
Eine despotische politische Ordnung- der Staat beherrscht das Wirtschaftsleben- bezeichnete Karl Marx als „asiatische Produktionsweise“. Er vertritt die Ansicht, dass nur ein zentralistisch-despotischer Staat imstande sei, umfassendes und

Erfolg versprechendes Projekt zu steuern und durchzuführen.
Dem Staat als Obereigentümer mit dem Despoten an der Spitze gehören die Produktionsmittel und dem dadurch geschaffenen Mehrwert. Die Bürokratie verwaltet sie, eine verblüffende Parallele zum „Realen Sozialismus“. Die Elite im Sozialismus kontrolliert den Produktionsapparat, der jetzt aber aus der Industrie besteht, nicht mehr aus dem Grundeigentum:
„Industrielle Despotie“ des Sozialismus, dem modernen Ebenbild der alten „asiatischen Produktionsweise“, so Rudolf Bahro[7]

Die Realitäten eines unvorhersehbaren, kostspieligen Krieges stellt Putins Macht mittlerweile infrage.

„Strategisch hat Putin alles verloren.“ Dies formulierte so der im Februar 2015 ermordete russische Regimekritiker Boris Nemzow unmittelbar nach der Putinschen Annexion der Krim.
Der Moskauer Politologe Dmitri Trenin hält den Bruch zwischen Russland und dem Westen für irreparabel, und er rät der Moskauer Führung, sich enger mit den Ländern des „globalen Südens“ und mit China zu verbünden, im Glauben, man könne

---

[7] Vgl. Bahro,Rudolph, Die Alternative Zur Kritik des real existierenden Sozialismus, Berlin: Verl. Tribüne, 1990

die Länder des „globalen Südens“ zu einem geschlossenen Vorgehen gegen die von den USA dominierte Weltordnung mobilisieren.

Snyder, Geschichtsprofessor der Yale University, erklärte in einem ausführlichen Twitter- Thread, (23. Juli 2022), Putins Herrschaft werde „schwächer“. Auch Vorbereitungen für einen Machtkampf um die Nachfolge des russischen Präsidenten seien im Gange, und Synder benennt Indizien für Putins Machtverlust:

Dmitri Medwedew ehemaliger russischer Beamter warnt und droht den Westen vor möglichen Konsequenzen; solche offiziellen Erklärungen waren bisher dem Präsidenten vorbehalten. Neben Putin fühlen sich nun auch andere einflussreiche Russsen berechtigt, Erklärungen im Sinn russischer Angstpropaganda abzugeben.

Mit„Untergangspropaganda“ zeigen sie zwar einerseits Loyalität zu Putin, andererseits könnte das als ein Zeichen gewertet werden, für einen Machtkampf nach Putins Sturz vorbereitet zu sein. „Wenn Russland den Krieg verliert, haben sich die Leute, die jetzt radikale Dinge sagen, geschützt, man schaffe sich ein Profil, das später nützlich sein könnte“, so Timothy Snyder.

Putins Machterhalt und Bestätigung erfährt er aber auch von der russisch-orthodoxen Kirche.

Wladimir Putin und der Patriarch Kyrill, der mächtigste Mann der russisch-orthodoxen Kirche, sind sehr vertraut und eng verbunden. Kyrill erklärt öffentlich den völkerrechtswidrigen Angriff zu einem Krieg gegen die liberalen Werte des Westens, eine von Putin und Kyrill gemeinsam getragene Ideologie.
Diese findet zunehmende Verbreitung im international agierenden Netzwerk, im Blick auf ultrakonservativen evangelikalen Hardlinern in den USA und erzkonservativen Kreisen auch in Deutschland.
Inzwischen werde Putin als „schwach“ angesehen: Seine strategischen Ziele habe er nicht
erreicht, er habe „versagt“, glaubt Snyder bei Putins Vertrauten heraushören zu können.

Auch gab es immer wieder in den vergangenen Monaten Versuche von vereinzelten Abgeordneten und Regionalpolitikern, gegen die Kriegspolitik des Kremls vorzugehen.
Ein an die Staatsduma gerichteter Appell einer Gruppe von Abgeordneten aus Sankt Petersburg will Wladimir Putin des Hochverrats angeklagt und des Amts enthoben wissen.
„Im Rahmen seiner eigenen Rhetorik schadet Putin der Sicherheit der Russischen Föderation", erklärte der Abgeordnete Dmitri Paljuga in einem Interview mit der investigativen russischen Plattform „The Insider“, 09.September 2022. „Wir wollen den Menschen zeigen, dass es Abgeordnete gibt, die mit dem aktuellen Kurs nicht einver-

standen sind und glauben, dass Putin Russland schadet. Wir wollen den Leuten zeigen, dass wir keine Angst haben, darüber zu sprechen."

„Die Rhetorik, die Sie und Ihre Untergebenen seit Langem verwenden, ist von Intoleranz und Aggression durchdrungen, was unser Land letztendlich in die Zeit des Kalten Krieges zurückversetzt hat. Russland wird erneut gefürchtet und gehasst, und wir bedrohen die Welt erneut mit Atomwaffen", zitiert „The Insider" aus einem Dokument des Abgeordnetenrates.

Sir Richard Dearlove, früherer Chef des britischen Auslandsgeheimdienstes MI6, geht davon aus, dass Nikolai Patruschew, Mitglied der Silowiki, auf Putin folgen würde, sollte dieser krankheitsbedingt abtreten müssen. Patruschew ist aktuell Sekretär in einer „separaten Abteilung des Präsidial-Exekutivbüros“ des russischen Sicherheitsrates und gilt als enger Verbündeter Putins und rechtfertigte auch die Invasion in die Ukraine.

„Ein schwarzer Tag. Der Krieg ist zurück in Europa. Russlands Angriff auf die Ukraine ist ein eklatanter Bruch des Völkerrechts und wird nicht folgenlos bleiben. Wir stehen fest an der Seite der Ukraine. Denn spätestens jetzt muss jeder erkennen, dass im Kreml kein „lupenreiner Demokrat" regiert,
sondern ein Gewaltherrscher mit Großmachtphantasien,
dessen unbarmherzigen Stiefel
das Volk der Ukraine gerade in seinem Nacken spürt".

Bundesjustizministers Dr. Marco Buschmann, März 2022

Weltordnung im Wandel

Der Fall der Berliner Mauer und das damit einhergehende Ende des real existierenden Sozialismus veränderten als tiefster Eingriff die bis dahin bestehende Weltordnung: Beginn einer neuen Weltordnung.
Bis Anfang der 1990er Jahre standen sich die marktwirtschaftlich verfassten, auf repräsentative Demokratie basierenden Gesellschaftsordnungen der planwirtschaftlich verfassten, auf sozialistischen Lenkungsprinzipien beruhenden Gesellschaftsordnungen, strukturbildend für die Weltordnung gegenüber.
Die zwei Weltmächte USA und SU sorgten dafür, dass Konflikte jenseits der beiden Blöcke sich nur wenig entfalten konnten. Gerade die massive militärische Abrüstung seitens der UdSSR und die Transformation in weniger autokratisch, teilweise demokratisch geführte Staaten führten dazu, dass früher weniger beachtete Konflikte stetig zunahmen.
Internationalisierung ökonomischer, kultureller, gesellschaftlicher und politischer Prozesse führte zur Globalisierung und aufgrund technologischen Wandels zu einer Verbreitung der Massenmedien.
In der sich entwickelnden neuen Weltordnung werden neben militärstrategischen auch umweltbedingte und ökonomische Fragestellungen elementar und bedeutsamer.
Die gegenwärtige Weltordnung, Aufteilung des Territoriums in souveräne und formal gleichbe-

rechtigte Nationalstaaten, zielt auf Schutz des Weltfriedens, Förderung einer weltweiten Entwicklung, Demokratie und friedlichen Wirtschaftsaustausch der Völker.
Das Völkerrecht und internationale Organisationen sollen das Verhältnis der Staaten untereinander friedlich regulieren. Die heutige Weltordnung ist weitgehend charakterisiert durch die Dominanz kapitalistischer Wirtschaftsweise und weltpolitischer Vormachtstellung westlicher Demokratien. Die westeuropäischen und nordamerikanischen Staaten sowie Japan (die so genannte „Triade“) dominieren die aktuelle Weltordnung aufgrund ihrer erhaltenen politischen, wirtschaftlichen, technologischen und militärischen Vormachtstellung, eine Folge der Epoche des Imperialismus/ Kolonialismus. Weltwirtschaftliche gesellschaftliche und technologische Globalisierung beeinflusst und beeinträchtigt zunehmend die Souveränität der Nationalstaaten; neuartige, supranationale politische Systeme und Akteure bilden sich heraus. Kenichi Ohmae[8] entwickelte das Konzept der Triade als Internationalisierungsstrategie.
Ein Joint Venture, Gemeinschaftsunternehmen, hat einen autonomen Status mit Kapitalbeteiligung und trägt das finanzielle Risiko mit.
Diese Organisationen führen zu neuen Formen des globalen Wettbewerbs.

---

[8] Ohmae, K., Macht der Triade, Wiesbaden 1985

Unternehmen müssen eine starke Stellung in den drei wichtigsten Wirtschaftszentren der Welt, d. h. in Europa, Japan und den USA, erlangen, um im internationalen Wettbewerb erfolgreich bestehen zu können.

In diesen Regionen konzentrieren sich die wichtigsten Nachfrage- und zugleich die stärksten Wettbewerbspotentiale der Welt. Bedeutsam sind wirtschaftliche Entwicklungen wie zunehmende Kapitalintensität der Produktion, Dynamik neuer Technologien, Vereinheitlichungstendenzen der Nachfrage und protektionistische Tendenzen.

International operierende Unternehmen werden zunehmend strategische Allianzen bilden.

Im ZDF- Interview „Lage ist komplizierter als im Kalten Krieg“ beschreibt der frühere US-Außenminister Kissinger, wie sich die Welt seit dem Kalten Krieg verändert hat:

Die Annahme einer reibungslosen wirtschaftlichen Zusammenarbeit in aller Welt - das sei nun sehr gefährdet. Er glaube, die Welt durchlaufe eine Zeit des tief greifenden Wandels.

„Die gegenwärtige Lage ist komplizierter und insofern vielleicht gefährlicher. Und dann muss man bedenken, dass die verfügbaren Technologien bei allen Kontrahenten noch vielschichtiger und komplizierter sind, als dies während des Kalten Krieges war. Das Führungsvermögen, das jetzt gebraucht wird, das muss auch vielschichtiger und anspruchsvoller sein. “

Das Erfolgsmodell Europas und des Westens insgesamt in der globalisierten Welt des 21. Jahrhunderts könne nicht mehr quantitatives Wachstum sein. Gefordert sei die kreative Ausschöpfung der vorhandenen geistigen und kulturellen Ressourcen, ein klügerer, nachhaltigerer, auch solidarischerer Umgang mit den vorhandenen Kräften.

Meinhard Miegel, „Epochenwende", 2005

Globale Dynamiken

Mit dem Krieg in der Ukraine wird auch das Ringen um eine neue Weltordnung sichtbar.

Russland und China fordern die Pax Americana offen heraus.

Kommt es zum globalen Showdown zwischen einer Allianz der Demokratien und der „Achse der Autokraten“?

Es steigt der Druck beider Seiten auf Verbündete und Drittstaaten, sich für eine Seite zu entscheiden, ohne sich in den neuen Kalten Krieg 2.0 hineinziehen zu lassen.

In den Mittelpunkt der neuen Weltordnung rückt China. Mit der Präsidentschaft von Donald Trump haben sich die Beziehungen, Abhängigkeiten und Marktzugängen, zwischen den USA und China deutlich verschlechtert.

USA erscheinen global als geoökonomische Rivalen.

Im Wesentlichen geht es um wirtschaftliche Verflechtungen in Verbindung mit politischen Machtansprüchen: zunehmende Verflechtung von Geopolitik und Geoökonomie.

Der Westen wendet sich von Russland ab, die Russen China zu.

Neue Konfrontationslinien im globalen geopolitischen und geoökonomischen Umfeld werden sichtbar. Harte Sanktionen des Westens mit dem Ziel, Russlands Wirtschaft und Finanzsystem lahm zu legen, lassen Chinas Rolle und geopolitische Haltung in einem neuen Licht erscheinen, auch seine langfristige Strategie mit Blick auf Taiwan.

Sich über die Warnungen Chinas hinwegsetzend, ist Nancy Pelosi, Vorsitzende des US-Repräsentantenhauses, zu einem Besuch in Taiwan auf dem Flughafen der Hauptstadt Taipeh gelandet Als unerschütterliches Engagement der USA für die Unterstützung der lebendigen Demokratie in Taiwan versprach sie Amerikas Solidarität mit den 23 Millionen Menschen in Taiwan, die sei heute wichtiger denn je, da die Welt vor der Wahl zwischen Autokratie und Demokratie stehe. Shih Yi-hsiang, Generalsekretär der taiwanischen Menschenrechtsvereinigung, sieht im Besuch von Nancy Pelosi ein Signal, dass wir Demokratie und Menschenrechte vertiefen und uns dem Autoritarismus der Kommunistischen Partei Chinas widersetzen sollten. Die Sprecherin des US-Repräsentantenhauses vertritt seit dem Massaker am Tiananmen-Platz eine konsequente Linie in den Beziehungen zu China. Sie verteidigt die Demokratie gegen die totalitäre Führung der Volksrepublik – egal ob in Peking, Tibet, Hongkong oder jetzt in Taiwan. Mutig entrollte sie 1991 auf dem zentralen Platz der Demokratiebewegung in Peking ein Plakat auf Englisch und Chinesisch, auf dem sie der Opfer der Niederschlagung der Proteste gedachte.

Peking reagierte umgehend mit Militärübungen drohend, die Visite beeinträchtige die politischen Grundlagen der Beziehungen zwischen China und den USA ernsthaft.

Außer auf Militärübungen setze China dabei auf „Cyberangriffe, eine Desinformationskampagne und wirtschaftlichen Druck, um die öffentliche Moral in Taiwan zu schwächen", so Taiwans Außenminister Joseph Wu.
Die USA, ein wichtiger Verbündeter Taiwans, hat sich aber mit dem Taiwan Relations Act 1979 verpflichtet, Taiwan mit Waffenlieferungen „defensiver Art" verteidigungsfähig zu halten; die USA verpflichte sich aber, nicht militärisch einzugreifen, sollte Taiwan angegriffen werden. Die Insel Taiwan zwischen Japan und den Philippinen besitzt große strategische Bedeutung. Der US-General Douglas MacArthur bezeichnete Taiwan einst als „unsinkbaren Flugzeugträger" der USA. Eine Eroberung durch China wäre ein wichtiger Baustein in dessen Großmacht-Ambitionen, weil es das Tor zum Pazifik öffnen würde. Eine militärische Auseinandersetzung hätte massive Auswirkungen auf die globale Wirtschaft.
Taiwan, Nummer 22 der großen Volkswirtschaften, ist industriell weit entwickelt und stark mit der Weltwirtschaft verflochten. Ein Großteil der ohnehin knappen Halbleiter stammt von dortigen Unternehmen. Wegen der großen Abhängigkeit vom chinesischen Markt wären nicht nur deutsche Unternehmen massiv betroffen, wenn ähnlich wie gegen Russland wirtschaftliche Sanktionen gegen China verhängt werden sollten.
Deutschland pflegt inoffizielle Beziehungen mit Taiwan, die deutschen Interessen werden in Taipeh vom Deutschen Wirtschaftsbüro vertreten.

Für Deutschland ist Taiwan fünft-wichtigster Handelspartner in Asien, für Taiwan ist Deutschland wiederum der bedeutendste Handelspartner in der EU. Etwa 300 deutsche Unternehmen sind in Taiwan ansässig und mehr als 200 Partnerschaften zwischen Universitäten und Forschungseinrichtungen existieren.
Sollte der Konflikt eskalieren, wäre das auch insbesondere in Deutschland massiv spürbar.
Strategische Herausforderungen wie Geopolitik, Nachhaltigkeit und rasante Entwicklung der Technologie führen zu völlig neuen globalen Dynamiken und gesellschaftlichen Erwartungen an die Wirtschaft. Unternehmensstrategie ist auch Geostrategie, Unternehmen können nicht mehr unpolitisch sein. Internationale Konflikte, Klimawandel, Umwelt und Menschenrechte stellen die Wirtschaft vor wachsende Probleme, so hängen Geschäftsmodelle, Finanzierbarkeit und Reputation der Firmen von sich vollziehenden Prozessen politischer Entscheidungsfindung ab.

Die globale Unterstützung der Ukraine im Kampf gegen Russland ist eine Illusion: Die Hoffnung, der Ukraine-Krieg werde die Welt im Widerstand gegen Putin einen, hat sich nicht bewahrheitet. Einige Staaten ziehen es vor, keine Position zu beziehen, für sie ist das wohl die risikoärmste Strategie.
Viele Länder in Lateinamerika, Afrika und dem Nahen Osten unterstützen den Kremlherrscher. Sie eint die Verachtung für Amerika. In der arabi-

schen Welt, im Nahen Osten, wird jede Aktivität unter dem Aspekt des palästinensisch-israelischen Konflikts gesehen; mehrere Generationen sind mit dem Hass auf Amerika als Hauptschuldigem in diesem Konflikt aufgewachsen.

So wird die Zerstörung Syriens durch russische Truppen und im Nahen Osten als eine Demonstration der Stärke Putins wahrgenommen und als Bereitschaft, die USA herauszufordern: eine neue Teilung der Welt in zwei Lager, von denen das eine antiamerikanisch, antiwestlich und antiliberal ist.

Zweifelsohne ist die Welt weit davon entfernt, Russland zu isolieren; viele Länder werden weiterhin mit dem Land zusammenarbeiten und Handel treiben.

Die Liste jener Länder, die sich den Sanktionen gegen Russland nicht angeschlossen haben: Mexiko, Brasilien, Argentinien, Südafrika, Indonesien und viele andere asiatische und lateinamerikanische Länder deuten auf antiamerikanischen Populismus hin mit zunehmendem Einfluss auf die Politik.

Für die lateinamerikanische Linke ist Putin ein symbolischer Gegner der Vereinigten Staaten, ein lebendes Symbol des Antiamerikanismus wie einst Fidel Castro und Hugo Chavez.

Die Türkei tritt als ein Vermittler zwischen Russland und der Ukraine auf, mit eindeutiger Sympathie für Putins Politik: Neoimperiale Rhetorik und die Art und Weise, wie sie mit der Opposition umgehen, sind ihre Gemeinsamkeiten.

Auch wenn Russland aktive und funktionierende Wirtschaftsbeziehungen zu China, Indien, Pakistan, Indonesien, Südamerika und Afrika hat (etwa 70 % der Weltbevölkerung) so ist Putin insbesondere auf Know how (Autoindustrie, Luftfahrtindustrie, Weizenerntemaschinen...) aus dem Ausland angewiesen, um einem Minuswachstum zu begegnen. Absatzmärkte brechen weg, da die bislang gut funktionierende Rohstoffindustrie ihre Produktionskapazitäten reduzieren muss. Die politische und wirtschaftliche Abhängigkeit von China wächst zunehmend.
Selbst aus dem befreundeten China führt Russland die Hälfte weniger ein, die Importe sind eingebrochen.

Russlands Außenminister Sergej Lawrow demonstrierte mit seiner Afrika-Reise (Juli 2022) Russlands „zukunftsorientierte Partnerschaft“, mit dem Westen um Einfluss konkurrierend. Er besuchte zunächst Ägypten - das politische und wirtschaftliche Schwergewicht auf dem Kontinent, danach reiste er in die Republik Kongo mit ihrem Langzeitpräsidenten Denis Sassou Nguesso, anschließend empfing ihn im ostafrikanischen Uganda im Zeichen jahrzehntelanger Freundschaft sein Amtskollege Jeje Odong herzlichst.

In Äthiopien, dem Hauptsitz der Afrikanischen Union, traf er auch mit Botschaftern anderer afrikanischer Länder zusammen.
Tage zuvor waren in sämtlichen Staatszeitungen die zu besuchenden Länder abgedruckt.
Lawrow betonte die jahrzehntelange "Freundschaft und Zusammenarbeit" zwischen Russland und seinen afrikanischen Partnern.
An der Schwarzmeerküste handelte Ugandas Präsident Yoweri Museveni vor drei Jahren eine enge Partnerschaft mit Russland aus, die nun ausgebaut werden soll. Der russische Staatskonzern Rosatom plant, in dem Land die Atomenergie voranzubringen.
Seitdem schickt Uganda vermehrt Hochschulstudenten nach Russland. Der seit 1986 amtierende Präsident Museveni unterhält regelmäßig enge Verbindungen mit Moskau.
Er vertraut in Zukunft auf Moskaus Rückendeckung, auch bei einer möglichen baldigen Machtübergabe an seinen Sohn, Muhoozi Kainerugaba, einer der ranghöchsten Generäle des Landes und Kommandant des Heeres, also auch zuständig für ein Großteil des Waffenarsenals, das fast ausschließlich aus Russland stammt: vom Kampfjet bis zum Sturmgewehr.
„Putin hat Recht!", twitterte Kainerugaba vier Tage nach dem russischen Einmarsch in der Ukraine in Bewunderung für Putin.

Russlands neue Afrika-Initiative war strategisch geschickt gewählt, denn auch Frankreichs Präsident Emmanuel Macron bereiste derzeit den Kontinent, besuchte Kamerun, Benin und Guinea-Bissau. In West- und Zentralafrika konkurrieren Russland und Frankreich um Einfluss, vor allem in den Bürgerkriegsregionen Mali und Zentralafrikanische Republik.

US-Präsident Joe Biden wiederum schickte seinen Sondergesandten für das Horn von Afrika, Mike Hammer, ebenfalls nach Afrika: Er besucht Ägypten und Äthiopien. Der US-Präsident kündigte in diesem Zusammenhang an, er werde Ende des Jahres in Washington eine große Afrika-Konferenz abhalten. Die Antwort aus Moskau kam prompt: Der Kreml plant 2023 einen zweiten großen Afrika-Gipfel. Der erste fand 2019 in Sotschi statt.

„Politik ist die Kunst des Möglichen“

Otto von Bismarck, Erster Reichskanzler (1815 – 1898)

Realpolitische- idealpolitische Weltordnung

Die wechselseitigen Abhängigkeiten in wirtschaftlicher wie finanzieller Hinsicht zwischen China und den USA, der EU und anderen Industrieländern sind um ein Vielfaches größer als gegenüber Russland. Die wirtschaftlichen und finanziellen Verflechtungen der weltweiten Wirtschafts- und Finanzzentren signalisieren einen labilen Zustand und damit eine instabile, fragile geopolitische Lage.
Derzeit gibt es keine „Weltordnung“, also keine Ordnung, die weltweit akzeptiert wird.

Der Krieg in der Ukraine- ein kaltblütiger Angriffskrieg einer Großmacht, um ihre geopolitischen Machtinteressen durchzusetzen und die Tatsache, dass der Angriffskrieg im UN-Sicherheitsrat nicht verurteilt wurde, verdeutlichen, dass die gemeinsamen Normen und Institutionen internationaler Politik nicht länger geteilt werden. Die in den letzten dreißig Jahren aufgebaute europäische Friedens- und Sicherheitsarchitektur erweist sich als weitgehend gescheitert, desgleichen auch die internationale regelbasierte Ordnung. Die europäische Friedensstrategie muss neu aufgestellt werden
Es erscheit unumgänglich, schon jetzt über das „Danach“ des Krieges und einer zukünftigen Friedens- und Sicherheitsordnung nachzudenken und konkret zu planen.

Die möglichen Folgen eines offenen militärischen und wirtschaftlichen Konflikts wären für die ganze Welt katastrophal.
Das Anerkennen dieser Realität sollte die Tür für Kompromisse öffnen. Das Ende des Friedens darf nicht das Ende der Friedenspolitik sein.

Angesichts der Bedrohung Europas, der brutalen Kämpfe in der Ukraine, drohender Eskalation im Taiwankonflikt und der großen Bedeutung dieses Konfliktes für die künftige Weltordnung müssen dringend neue Konzepte der friedlichen Koexistenz global angestrebt werden. US- Außenminister Anthony Blinken bezeichnet die Beziehungen zu Peking hinsichtlich der Manöver um die demokratische Insel Taiwan als „die komplexeste und folgenreichste. Es gehöre Wettbewerb ebenso dazu wie Kooperationen und Konflikt. Es sei sicherzustellen, dass wir unsere Beziehung mit allen diesen Aspekten handhaben." Diese Chinapolitik nennt US Präsidenten Biden „strategische Konkurrenz", es gehe um wechselseitige Beziehungen und nicht um wirtschaftlichen Bruch.
Die ohnehin angespannten Beziehungen zwischen China und den USA werden weiter belastet,
denn die chinesische Regierung hatte zuletzt ein geplantes Gespräch zwischen Militärführern sowie zwei Sicherheitstreffen mit den USA abgesagt. Außerdem setzte Peking den Austausch mit den USA zum Kampf gegen den Klimawandel aus. Außenminister Anthony Blinken kommentiert diese Entscheidung, „der größte Kohlendioxide-

mittent lehnt es jetzt ab, sich an dem Kampf gegen die Klimakrise zu beteiligen. Die Aussetzung der Klimazusammenarbeit bestraft nicht die USA, sondern die Welt - insbesondere die Entwicklungsländer."

Henry Kissingers Rezept hinsichtlich Weltpolitik lautet aktuell, abweichend von früheren Vorstellungen: „Der auf lange Sicht beste Kurs sei wahrscheinlich eine Mischung aus Realismus und Idealismus", Abschreckung und Kooperation gehören gleichermaßen dazu.

Das Mächtegleichgewicht, Nichteinmischungsgarantien und ein diplomatisches Schlichtungssystem sollten für Frieden sorgen. Dieses flexible und pragmatische System lässt sich auf beliebige Länder anwenden.

Ungeachtet aller Gespräche und Verhandlungsangebote hat Putin die Europäische Friedens- und Sicherheitsarchitektur missachtet. Diese Ordnung war im Kalten Krieg entstanden, in der Schlussakte von Helsinki 1975 niedergelegt, mit der Charta von Paris 1990 weiterentwickelt und im Rahmen der OSZE und dem Europarat in ein bindendes Vertragssystem überführt worden.

Sie basierte auf den Grundpfeilern von territorialer Integrität, souveräner Gleichheit aller Staaten und der Pflicht zur friedlichen Konfliktbeilegung. Dieses System kooperativer Sicherheit, gestützt auf gemeinsame Rüstungskontrollverträge und vertrauensbildende Maßnahmen, aber auch die Förderung von Demokratie und Menschenrechten,

war verantwortlich für die friedliche Überwindung des Kalten Krieges.
Im Juni 1963 hatte schon John F. Kennedy in seiner Rede vor Studenten der American University in Washington von der „Strategie des Friedens" als der zukünftigen Aufgabe der Politik gesprochen, in einer Welt, die allen gehöre und die es zu bewahren gelte. „Die Menschheit muss dem Krieg ein Ende setzen, oder der Krieg setzt der Menschheit ein Ende“, John F. Kennedy.

Am Ende des Ukraine- Krieges wird eine veränderte Friedens- und Sicherheitsordnung anzustreben sein. Gegenwärtig zeichnet sich ein Rückbau politischer, wirtschaftlicher und kultureller Beziehungen zu Russland und möglicherweise auch zu China ab.
Der Rückbau hat politisch längst begonnen; Russland ist, nachdem ihm das Stimmrecht entzogen wurde, aus dem Europarat ausgetreten,
Die Nato-Russland-Grundakte ist hinfällig, und Russland hat wiederholt angedeutet, es könnte sich aus so wichtigen internationalen Institutionen wie der OSZE, der letzten paneuropäischen Sicherheitsorganisation, und der OPCW, die für die Einhaltung der Chemiewaffenkonvention zuständig ist, zurückziehen.
Ein Rückbau der wirtschaftlichen Beziehungen wird spürbar in den umfassenden Sanktionspaketen, die eine beschleunigte Entflechtung hinsichtlich im Energiesektor, kritischen Infrastrukturen und tief integrierten Lieferketten zufolge haben;

auch Unternehmen, die nicht direkt von den Sanktionen betroffen sind, ziehen sich aus Russland zurück.
Schmerzlich wird weltweit registriert, wie wirtschaftliche Verflechtung auch als Waffe genutzt wird.
Entflechtung zeigt sich aber auch im Bereich der Kultur. Schon jetzt sind wissenschaftliche und kulturelle Beziehungen zu Russland weitgehend eingefroren, russische Fernsehprogramme und Sender in vielen europäischen Ländern und den USA abgeschaltet, sportliche Großveranstaltungen in Russland werden abgesagt, und das internationale Olympische Komitee empfiehlt seinen Mitgliedsverbänden den Ausschluss von Sportlerinnen und Sportlern bei internationalen Wettbewerben.
Statt eines unkontrollierten Rückbaus der Beziehungen, statt überstürzter Aufgabe gewachsener Verbindungen, braucht es eine Strategie der kontrollierten Entflechtung auf der Basis eines Grundvertrauens.
Handel alleine kann den Frieden nicht sichern, wenn asymmetrische Verhältnissen und einseitige Verwundbarkeit von Despoten zu Machterweiterung ausgenutzt werden. Glaubwürdige Abschreckung kann in der Regel zwar Frieden sichern, aber alleine keinen nachhaltigen Frieden hervorbringen, wie rückblickend die Kubakrise verdeutlicht.
Es muss ein tiefes, auf Gegenseitigkeit beruhendes Interesse geben, dass ein gerechter und ehrlicher

Frieden herrscht und dem Wettrüsten Einhalt geboten wird. Respektierung und Sicherung staatlicher Integrität müssen als zentrale Voraussetzungen einer stabilen, dauerhaften Friedenslösung gelten.

Kissinger benennt drei Maxime erfolgsversprechender Staatskunst: die zentrale Bedeutung des nationalen Interesses, das Bewahren des globalen Gleichgewichts und das Initiieren anhaltender und intensiver Gespräche zwischen den gewichtigen Ländern.

Ökonomische, kulturelle, gesellschaftliche und politische Handlungsfelder und Entwicklungen, die Menschen weltweit verbinden, beispielsweise in den Bereichen Technik und Kommunikation, Medizin, Nahrung, Handel, aber auch Migrationsbewegungen und Zusammenhänge bei der Verteilung von Ressourcen sowie im Naturschutz, Umweltschutz und Klimaschutz sind mögliche politische Aktivitäten der Globalisierung mit dem Ziel gemeinsamer Lösungen mittels kommunikativer Vernetzung.
Mit der Globalisierung gewinnen global operierende Unternehmen zunehmend an Macht und Einfluss, komplexe Liefer- und Wertschöpfungsketten garantieren in der Regel höheren Profit.
Transnationale Wirtschaftsunternehmen werden von beteiligten Staaten im Blick auf günstige Standortbedingungen unterstützt, oft ungeachtet möglicher Menschenrechtsverletzungen wie Kin-

derarbeit, der ungleichen Verteilung von Ressourcen und klimatischen Veränderungen.
Forderungen nach verstärkter Rechenschaftspflicht deuten auf eine weltweit zunehmende Sensibilität zu Fragen menschenrechtlicher Gefährdungen, mit abweichenden Sichtweisen von Demokratien und Autokratien.
Realpolitik sollte versuchen, das Wünschenswerte mit dem Machbaren abzugleichen, mit „maximaler Flexibilität bis hin zum Opportunismus", vorausgesetzt, „man behält die eigenen Interessen stets im Auge und weiß auch unerwartete Chancen zügig zu nutzen", so Kissingers Standpunkt zur aktuellen politischen Lage und Neuausrichtung der Weltpolitik.

Demokratie und Marktwirtschaft gehören zusammen, da politische und ökonomische Freiheiten erfahrungsgemäß schon seit Jahrzehnte gut zueinander passen und sehr erfolgreich sich behaupten konnten. Aus ökonomischer Stärke erwächst auch militärische, technologische und wissenschaftliche Stärke, sie garantiert weitgehend Stabilität und sorgt damit für Zufriedenheit in der Bevölkerung in Freiheit und Wohlstand.
Im Laufe der Globalisierung haben aber auch autoritäre Regierungen wie China erkannt, die Marktwirtschaft mit ihrem System verknüpfen zu können.
Einstmals westliche Überlegenheit wird jetzt zunehmend zu einem echten Systemwettbewerb.

Es war ein folgenschwerer Irrtum in den Demokratien, insbesondere in Deutschland, Politikern dem Wirtschaftswachstum oberste Priorität einzuräumen, teilweise die Außenpolitik an die Unternehmen zu delegieren: „Wandel durch Handel"!
Unumgänglich wird sein, dass sich das Politische einen großen Teil der Macht zurückholt, die es an das Ökonomische abgetreten hat. So werden demokratische Institutionen unter Umständen weniger zu verteilen haben, aber die große Aufgabe wird sein, gerechter zu verteilen, nicht die Priorität nach unbändigem Wachstum.

Das uralte machtpolitische Hegemonialstreben aller menschlichen Gesellschaften von Beginn an gerät an seine Grenzen, ein gemeinsames Handeln der Weltgemeinschaft- eine Neuausrichtung der Weltpolitik - erscheint dringend erforderlich.
Freie Gesellschaften haben sich mit unfreien Gegnern immer wieder im Laufe der Geschichte auseinandergesetzt, notwendige Einheit durch Zielstrebigkeit erreicht.
Einige liberal-demokratische Staaten haben sich bereits entschieden, der autoritären Herausforderung selbstbewusst zu begegnen. Kooperatives Handeln und bestehende globale Bündnisstrukturen im demokratischen System versprechen Erfolg.
Der Konflikt mit Blick auf den russischen Angriffskrieg in Europa, angesichts des arroganten und aggressiven Auftretens Chinas im Taiwankonflikt und damit eskalierende Spannungen

zwischen China und den USA gefährdet massiv die bestehende Weltordnung.
Die alte Weltordnung verliert ihre prägende Kraft. Nationen des Indo-Pazifiks und Afrika zeigen zunehmend geopolitisches Selbstbewusstsein, Machtachsen der Welt verschieben sich sowohl wirtschaftliche als auch machtpolitische, ebenso aber auch Gesellschaftsmodelle.
Die veränderte Wahrnehmung politischer und ökonomischer Machtverteilung auf dem Globus hat ihre Wurzeln einerseits im demographischen Wandel und andererseits am Ende der europäischstämmigen weißen Mehrheitsgesellschaft, damit geht auch eine stärkere Orientierung nach Süden und Westen einher.
In der heutigen global eng vernetzten Welt wäre eine Ordnung vonnöten, die von Menschen unterschiedlicher Kultur, Geschichte und Tradition akzeptiert wird und auf einem Regelwerk beruht, das in der Lage ist, regionale wie globale Kriege einzudämmen.
Europa und die Welt müssen eine Antwort finden, wie sie noch mit einem totalitären und das Völkerrecht ignorierenden Regime wirtschaftlich und politisch eng zusammenarbeiten wollen: Die heutige internationale Ordnung - das Prinzip staatlicher Souveränität – die grundlegende Norm, auf der eine Gesellschaft von Staaten letztlich ruht - wird von Russland missachtet. Chinas Staats- und Parteiführung scheint mit Blick auf Taiwan und USA einen vergleichbaren Weg einzuschlagen. Ein moderater Rückbau der ökonomischen Bezie-

hungen wird wirtschaftliche Kosten in Kauf nehmen müssen.

Der Krieg in der Ukraine hat die Lage hinsichtlich der Weltordnung verschärft, die Gegenpositionierung gegenüber dem Westen hat in Ostasien zugenommen.

Es werden Befürchtungen laut, dass China ähnlich wie Russland vorgehen könnte,

denn China distanziert sich auch weiterhin nicht vom russischen Vorgehen in der Ukraine.

Taiwan, eine selbstbewusste Demokratie, widersetzt sich seit Jahrzehnten dem politischen Druck des autokratischen Staats- und Parteichefs X Jinping, der die Insel unter Kontrolle bringen und wirtschaftlich enger an die Volksrepublik binden will. Schon lange droht die chinesische Führung immer wieder mit Gewalt und erwiderte den Besuch von Nancy Pelosi mit massivem und grenzverletzendem Manöver. Die endgültige Lösung der Taiwan-Frage sei eine unerschütterliche historische Aufgabe der Kommunistischen Partei, so Staats- und Parteichef Xi Jinping.

Allerdings hat der russische Angriffskrieg in der Ukraine auch Pekings weitere Schritte möglicherweise beeinflusst: EU und die USA sind nach Beginn des Krieges zusammengerückt, der Westen keine Sanktionen scheute und Russlands Präsident Putin international weitgehend isolierte.

Auch die militärischen Schwierigkeiten Russlands dürften ein Warnsignal sein; die Insel Taiwan anzugreifen oder gar zu besetzen, ist ungleich schwieriger, als Truppen über eine Landgrenze zu schicken wie in der Ukraine. Auch Chinas Armee scheint nach Helena Legarda, Expertin für Sicherheitspolitik beim Merics-Institut für China-Studien in Berlin, weitgehend kampfunerfahren. Die USA unterstützen Taiwan seit langem auch mit Waffen, lassen aber seit Jahrzehnten bewusst offen, ob sie im Falle eines Krieges militärisch einschreiten werden, eine politische Strategie der Zweideutigkeit mit dem Ziel der Abschreckung vor einem Angriff.

Präsident Joe Biden hatte hinsichtlich der Bedrohung des Friedens und der Stabilität in der Meerenge von Taiwan ein neues Bündnis im indopazifischen Raum ins Leben gerufen – das sogenannte Quad, „Quadrilateral Security Dialogue", ein informelles Viererbündnis von USA, Indien, Japan und Australien. Die Bündnispartner sehen China als potenzielle Bedrohung an.

US-Präsident Biden setzt deshalb verstärkt auch auf Abschreckung.

Es gehe nicht um militärische Aufrüstung gegen China sondern um „Covid-19, Klima, Zukunftstechnologien und Infrastruktur", versicherte aber Jen Psaki, Pressesprecherin des Weißen Hauses, beim Quad-Gipfel, 2021.

Die wirtschaftliche Komponente ist zu den sicherheitspolitischen Fragen der USA, bisher überwiegend militär- und sicherheitsfixiert, hinzugetreten. Es werden Bestrebungen erkennbar, ein indopazifisches Wirtschaftsgefüge mit Liefer- und Wertschöpfungsketten um China aufzubauen.

Ebenso will China seine wirtschaftlichen Interessen in der Region, in den pazifischen Inselstaaten wie den Salomonen und Fidschi, weiter ausbauen. China mit Außenminister Wang hat den Staaten millionenschwere Unterstützung, die Aussicht auf ein Freihandelsabkommen und Zugang zu Chinas riesigem Markt angeboten; als Gegenleistung verspricht sich Peking Zugang zu Bodenschätzen.
Weltweit plant die kommunistische Partei Chinas systematisch und generalstabsmäßig den Weg des Landes zur ökonomischen, technologischen Großmachtstellung und damit letztlich auch zur politischen Weltmacht. Die „Neue Seidenstraße" ist ein strategisches Projekt, Belt and Road-Initiative (BRI), mit dem Ziel, Infrastrukturprojekten systematisch Handelswege sowie den Zugriff auf Rohstoffe zu sichern, gezielt technologisches Know-how mittels Fusionen und Übernahmen in vielen Schlüsselbereichen der Wirtschaft anzustreben, um auch die eigene Autarkie in diesen wichtigen Gebieten zu erreichen.
Das 2013 gestarteten Prestigeprojekt »Belt and Road Initiative« (BRI) entpuppte sich immer mehr als Initiative geoökonomischer und geopolitischer Großstrategie mit dem Ziel, wirtschaftliche Abhängigkeiten zu schaffen und politischen Einfluss auszuüben, den globalen Gestaltungswillen und Machtanspruch Chinas zu bekräftigen.

Peking strebt nach politischer Hegemonie, weitgehend ohne Rücksichtnahme auf Menschenrechte, Demokratie, Freiheit und Pluralismus.
In Europa und Deutschland hat nach Jahrzehnten des Wunschdenkens und der Realitätsverweigerung vergangener Jahre endlich ein Umdenken stattgefunden, um den chinesischen Expansionsdrang abzufedern, vergleichbar mit den Abwehrstrategien der USA.
Unternehmensstrategien ersetzen aber keine Außenwirtschaftspolitik, die muss mutig Menschenrechtsverstöße direkt und deutlich auch dort adressieren, wo möglicherweise Konflikte entstehen.
Welche Haltung der EU und im Besonderen Deutschlands wird angesichts des Krieges im Osten kommuniziert?
In einer europapolitischen Grundsatzrede in Prag stellt Bundeskanzler Olaf Scholz die Zukunft Europas aus seiner Sicht vor. Man brauche ein souveräneres Europa mit Eigenverantwortung in einer multipolaren Welt, viel mehr gemeinsame Rüstungen, es gebe viel zu viele unterschiedliche Waffensysteme, man brauche eine gemeinsame Luftverteidigung mit einem eigenen EU-Hauptquartier.
Europa als eine Werte- und Rechtsgemeinschaft müsse künftig auch bei Verstößen gegen die Grundwerte der EU – wie beispielsweise gegen die Menschenwürde - Vertragsverletzungsverfahren einleiten. Zur größeren Handlungsfähigkeit der EU gehöre eine Abkehr in der Außen- und Steuerpolitik vom Vetorecht einzelner Staaten,

das Prinzip der Einstimmigkeit müsse eingeschränkt werden „Unser Europa ist in Frieden und Freiheit geeint, offen für alle europäischen Nationen, die unsere Werte teilen. Vor allem aber ist es die gelebte Absage an Imperialismus und Autokratie, es geht um unsere Zukunft, die Europa heißt", so Bundeskanzler Olaf Scholz. Europäische Souveränität bedeute, „dass wir mehr Verantwortung übernehmen für unsere eigene Sicherheit, dass wir noch enger zusammenzustehen, um unsere Werte und Interessen weltweit durchzusetzen", so Scholz.

Die Europäische Union ursprünglich ein nach innen gerichtetes Friedensprojekt, müsse ihre Werte verteidigen und ihre Unabhängigkeit sowie Stabilität auch nach außen sichern.

Er plädierte für einen Zusammenschluss der Länder wie die Ukraine, die Republik Moldau oder Georgien, zum freien, demokratischen Teil Europas gehörig. Dass die EU weiter in Richtung Osten wächst, sei für uns alle ein Gewinn, bilanzierte Scholz. „Ideen sind das, wohlgemerkt, Angebote, Denkanstöße – keine fertigen deutsche Lösungen."[9]

Eine stark idealpolitisch geprägte Ideenvorstellung über europäische Ambitionen des Bundeskanzlers, Realpolitik sieht anders aus.

9 Rede von Bundeskanzler Scholz an der Karls-Universität am 29. August 2022 in Prag

„Wir stehen für die Freiheit ein. Ich glaube nicht, dass man müde werden kann vom Kampf für die Freiheit. Wer in Deutschland Diskussionen über Kriegsmüdigkeit anzettelt, sollte sich russische Talkshows anschauen. Da wird auch über Deutschlands Schicksal gesprochen, über die baltischen Staaten, über Europa insgesamt. Wir sind alle im Visier dieses Regimes. Wir müssen zusammenstehen und zusammen kämpfen für Freiheit in Europa", so der ukrainische Regierungschef, Denys Schmyhal.[10] Mit Putin zu verhandeln und Sanktionen gegen Russland zu lockern sei ein Ausdruck von Naivität, von Schwäche oder Heuchelei. Man müsse ganz klar sehen, dass Russland eine Gefahr darstelle - auch für ganz Europa. Da seien nicht nur militärische Gefahren, sondern es gebe eine hybride Kriegführung, zum Beispiel im Energie- und Ernährungsbereich, ist Denys Schmyhal überzeugt. „Wir müssen diesen Sieg gegen Russland gemeinsam erringen."

[10] Interview der Deutschen Presse-Agentur, 02. September 2022

„Wir sind liberale Demokratien und glauben an eine Weltordnung, die Freiheit befürwortet. ... Wir wollen immer frei von Zwang sein, dass die souveränen Rechte aller Staaten respektiert werden und dass Streitfragen friedlich in Übereinkunft mit dem Völkerrecht geregelt werden."

Scott Morrison, konservativer Premier Australiens bis Mai 2022

GESAMTSICHT

US-Präsident Joe Biden beschwor auf seiner Europareise in Warschau einen langen Konflikt:
„Es geht um eine große Schlacht zwischen Demokratie und Autokratie, zwischen Freiheit und Unterdrückung, zwischen einer regelbasierten Ordnung und einer, die von brutaler Gewalt bestimmt wird. Diese Schlacht wird nicht in Tagen geschlagen werden oder in Monaten. Wir müssen uns für einen langen Kampf stählen."

Der Angriffskrieg Russlands auf die Ukraine zeigt massive Auswirkungen sowohl für die Ukraine und Russland als auch für Europa sowie die Welt insgesamt. Der militärische Konflikt mit seinen unmittelbaren Folgen sowohl humanitärer als auch wirtschaftlicher und sicherheitspolitischer Art droht schwerwiegende Folgen für die euroatlantische Sicherheit angesichts der Einflusssphären-Politik der Russen und Pekings und der Demokratie-Politik des Westens zu haben.
Politiker sprechen von einer Zäsur, von einer Zeitenwende, die mit Putins Angriff auf die Ukraine auch einen Angriff auf die westlichen Grundwerte von Demokratie, Freiheit, Menschenrechte sowie die Souveränität von Nationen bedeutet.
Es ist der Versuch, der liberalen Weltordnung, die souveräne Staaten und eine freie Bündniswahl vorsieht, seine eigene, der Vergangenheit entstammende, Ordnung überzustülpen.

Letztlich geht es um die Neuordnung Europas, wenn nicht sogar der Welt. Ansätze der seit 1990 gesetzten europäischen Sicherheitsordnung werden seitens der russischen Regierung wieder grundsätzlich in Frage gestellt.

Die Folgen hybrider Kriegsführung erhalten in diesem Konflikt wachsende Bedeutung: permanente Destabilisierung durch Desinformation, Computerangriffe und Propaganda, klassische und verdeckte Militäreinsätze sowie politischer und wirtschaftlicher Druck.

Wegen des eklatanten Verstoßes gegen das Völkerrecht und der Missachtung grundlegender Prinzipien, auf denen die Friedens- und Sicherheitsarchitektur international beruht, wird Putins Russland von der internationalen Staatengemeinschaft in großen Teilen geächtet und isoliert. Umfangreiche erlassene und noch folgende Sanktionspakete werden Russland zudem wirtschaftlich in erheblichem Maße in Bedrängnis bringen. Das schwedische Friedensforschungsinstituts Stockholm International Peace Research Institute (SIPRI) mahnt im jüngsten Bericht (Mai 2022), die Welt „stolpere" der neuen, komplexen Gefahrenlage entgegen. Von „einer planetarischen Notlage“ wird gewarnt: Klimawandel verursachte Wetterkatastrophen, Corona-Pandemie, bedrohte globale Lieferketten, Gewalt und Erntekatastrophen auslösende weltweite Migration.

Europas Wirtschaftswachstum wird ohne vergleichsweise günstige Energie und vergleichsweise günstige Rohstoffe, Steine, Erden, Minerale oder Metalle stagnieren, es folgen Wohlstandsverluste durch Kaufkraftverlust, Gesellschaften werden ärmer.

Im Zuge der aktuellen Konflikte, Ukrainekrieg und Pekings Bedrohung, steuert die Welt in eine Epoche der Instabilität, von einer kooperativen und integrativen Ordnung zu einer konfrontativen Ordnung, gleichsam einer regellosen Phase der Weltpolitik.

Die Legitimitätsgrundlage für die Weltordnung - Demokratie, Menschenrechte, Völkerrechte, Rechtsstaat - erwies sich als höchst unzureichend, selbst da, wo sie mit militärischer Macht und nuklearer Drohung verbunden war. Es blieb eine Illusion, hoffend, dass die Ausbreitung von Demokratie und freien Märkten sich der Friede und Wohlstand in der Welt quasi-automatisch einstellte.
Auch das höchste, für Friede und Sicherheit zuständige Organ der internationalen Ordnung, der Sicherheitsrat der UNO, konnte in der Welt nicht Frieden und Sicherheit gewährleisten.
Eine Welt, in der permanent verschiebende Kraftfelder aufeinander einwirken, zeichnet den Beginn eines neuen Systemwettbewerbs.
Es wird eine harte Auseinandersetzung unterschiedlicher Zivilisationsmodelle sein, in dem sich die effiziente, wirtschaftlich wie militärisch starke Autokratie China gegen den demokratischen Westen positioniert, der sich nach wie vor als Wertegemeinschaft versteht, an Leitideen wie einer auf

internationalem Recht fußenden, regelbasierten Ordnung festhaltend.
Russland wertet westliche Sanktionen als eine Art Tribut, das es in Kauf nimmt im Ringen um eine gleichberechtigte Rolle hinsichtlich einer Neuordnung der Welt. Russland will als Großmacht anerkannt und nicht zur Regionalmacht herabgestuft werden.
Martina Fischer, Friedensforscherin, warnt in einem Interview[11] vor einer Spirale der Eskalation. In der Konflikttheorie werden verschiedene Stufen der Eskalation herausgearbeitet.
Unbearbeitete Konflikte entwickelten sich in Stufen. Es begänne mit Polarisierung und einer Verhärtung der Positionen. Dann folgten Taten statt Worte sowie die Suche nach Imagegewinn und Koalitionspartnern. Die Kontrahenten wollen ihre Umgebung von ihrer Position überzeugen. Anschließend gingen beide Seiten zu Drohstrategien über, um Gesichtsverlust zu vermeiden.
Auf den letzten Stufen kämen die ersten Vernichtungsschläge, Zersplitterung und am Ende gehe es gemeinsam in den Abgrund. Wolfgang Ischinger, bisheriger Vorsitzende der Münchner Sicherheitskonferenz, bekräftigt: „Unsere Welt ist in Gefahr. Der Bedarf an Dialog war noch nie so groß wie heute."

---

[11] Interview Bascha Mika, Frankfurter Rundschau, 12.2.2022

Es brauche enorme diplomatische Anstrengungen, beispielsweise sich auf bereits vorhandene Dialogstrukturen zu besinnen: Die Organisation für Sicherheit und Zusammenarbeit in Europa (OSZE) müsste eine europäische Friedensordnung entwickeln, bedauerlicher Weise im internationalen Kontext derzeit zu wenig beachtet und unterstützt. Sie habe im alten Ost-West-Konflikt viele erfolgreiche Instrumente zur Entspannung entwickelt, für Dialog, Mediation und Rüstungskontrolle. Diese Instrumente müssten gerade jetzt wieder stark genutzt werden. Beispielsweise die USA und Russland zu bewegen als vertrauensbildende Maßnahme im Luftraum, das Open-Skies-Abkommen wieder zu beleben. Ischinger bedauert, dass es bei den Vereinten Nationen – dem Gremium, das für Vermittlung zuständig ist – statt eines Dialogs zum Thema Ukraine nur einen Schlagabtausch und eine Verhärtung der Fronten gab.

Beispielhaft für eine Zusammenarbeit zwischen den USA, Russland, China und der EU kann das Friedensprojekt ISS angesehen werden. Die Raumstation wird unter anderem von der NASA, der russischen Weltraumagentur Roskosmos und der Europäischen Weltraumagentur (ESA) betrieben. Ein eng verflochtenes System, in enger Abhängigkeit war genau Zweck der ISS als Friedensprojekt zwischen verschiedenen Nationen, Völkern und Kulturen.

Die ESA hat seit dem Ende des Kalten Kriegs immer darauf geachtet, viele gemeinsame Projekte durchzuführen, sei es mit Amerikanern, Russen und mit den Chinesen.

So fliegen Amerikanische Raketen mit russischen Triebwerken, ein in den USA ansässiges Unternehmen vermarktet die Starts der russischen Trägerrakete Proton. Die Erststufe der Antares-Rakete wird in der Ukraine gebaut, mit russischem Antrieb und startet ab Florida. ESA-Astronaut Maurer nahm an einem Überlebenstraining für Astronauten in China teil und ist mit einer Raumkapsel des US-Unternehmens SpaceX zur ISS geflogen.

Am Beispiel der ISS wird die vernetzte Zusammenarbeit der Staaten im Weltraum deutlich.

Das funktionierte mehr als 20 Jahre sehr gut.

Russland will nach 2024 aus dem Projekt aussteigen, gab der Chef der Raumfahrtbehörde Roskosmos, Juri, bei einem Treffen mit dem russischen Präsidenten Wladimir Putin bekannt. Es sei denn, so Borissow, dass vollständig und bedingungslos die „illegalen Sanktionen" aufgehoben werden, um die Beziehungen zwischen den ISS-Partnern zu normalisieren. Man werde alle Verpflichtungen gegenüber den Partnern – den USA, Kanada, Japan und der europäischen Raumfahrtbehörde ESA – erfüllen.

Welche Allianzen werden sich in Zukunft im Weltraum bilden, hat das Friedensprojekt eine Überlebenschance? Kann es zukunftsweisendes

Vorbild auch auf andere zu vernetzende Zusammenarbeit sein?

Eine eng abgestimmte Zusammenarbeit im Blick auf die Weltgemeinschaft und auf ihr Überleben erfordert dringend auch das Ringen um ein neues Klimaabkommen nach Kyoto. Herausfordernde Fragen zielen nach globalen Lösungen, nach gemeinsamer Verpflichtung zum Agieren.
Aktuell kommt es im Ukrainekrieg in der Region um das Atomkraftwerk AKW Saporischschja zu Gefechten, größte Gefahr für die Stromversorgung der insgesamt sechs Reaktoren, denn Überlandleitungen verlaufen inmitten der Kampfregion; bei Stromausfall würde die Kühlung unterbrochen, und es käme zu einer Kernschmelze, der Worst Case.
Experten warnen vor dem AKW-GAU, globale Folgen eines radioaktiven Ernstfalls wären kaum einschätzbar.
„Dieser Krieg zerstört Kulturen, dieser Krieg zerstört die Wirtschaft, dieser Krieg hat zur Folge, dass wir Jahre brauchen werden, um neue Verträge schließen zu können und dieser Krieg bringt ein maximales Misstrauen in die Gesellschaft zurück“, so Prof. Andreas Zick, Sozialpsychologe und Konfliktforscher.

Sechs Monate nach Kriegsbeginn sollte zentrales Anliegen der Vermittler zwischen Moskau und Kiew, dem ukrainischern Präsidenten Selenskyj, dem türkischen Staatschef Erdogan und UN-

Generalsekretär Guterres sein, einen ernsthaften Dialog zu Friedenslösungen anzustoßen, nicht nur Überlegungen zur Kriegscntscheidung anzustellen.

Zur multilateralistischen Haltung gehört die Einstellung anderen Akteuren gegenüber.
Kluge multilateralistische Außenpolitik ist empathisch: eigene Annahmen zu reflektieren und zu relativieren, in der Bemühung um Verständnis der Annahmen der Partner,
Zicl- und Interessensdefinitionen eigener Ziele und Interessen in ihrer komplexen Verflechtung mit denjenigen der Partner abstimmen.
Dies schafft Grundlagen einer Strategie für eine multilateralistische Weltpolitik, zu einer abgestimmten Weltordnung.

„Digitalisierung, Globalisierung und Klimapolitik lassen die Gesellschaft zerfasern. Gewinner und Verlierer dieser Prozesse stehen sich zunehmend unversöhnlich gegenüber, so dass die übergreifende Bindungswirkung nachlässt und demokratische Entscheidungen zum Teil infrage gestellt werden. Eine Stärkung des gesellschaftlichen Dialogs scheint nötig",

Michael Hüther, 2022 ,

„Die Welt danach ist nicht mehr dieselbe wie die Welt davor“, so Olaf Scholz.
Gleitet die Weltgemeinschaft zurück zu einer Welt fundamentaler Konflikte, der Desintegration und Teilung oder erlebt sie „nur“ einen vorübergehenden Einbruch des Bestehenden für eine humanere, freiere Welt im Geiste des Fortschritts?
Über die Zeit sei die Hoffnung gewachsen, so Heinrich August Winkler[12], dass dieses Projekt „in Gestalt der unveräußerlichen Menschenrechte, der Herrschaft des Rechts, der Gewaltenteilung, der Volkssouveränität und der repräsentativen Demokratie" weltweit ausreifen werde.
Allerdings führte dagegen der Systemwettbewerb zwischen Demokratien und Autokratien zu einem harten Systemkonflikt mit Interessengegensätze und unterschiedlichen Wertorientierungen.
Eine neue Epoche möglicher Bipolarität stellt herausfordernde Fragen nach künftigen geopolitischen Strukturen und geoökonomischen Entwicklungsperspektiven.
Autonomie zu erhöhen, indem Abhängigkeiten diversifiziert werden, nicht Autarkie angestrebt wird, Netzwerke mit realpolitischer Urteilsfähigkeit offen gestaltet und genutzt werden, so könnte ein neues Projekt Chancen zur Wiederherstellung oder Erneuerung der Weltordnung beginnen..

---

[12] Winkler, Heinrich August, „Der lange Weg nach Westen“, München 2000, C.H. Beck Verlag

Das Ziel einer regelbasierten internationalen Ordnung wird mittlerweile in der Weltpolitik durch wechselseitigen Vertrauensverlust und eine oft gegensätzlichen Wahrnehmung von Konflikten zunehmend untergraben.

Volker Perthes, Direktor des Deutschen Instituts für internationale Politik und Sicherheit, sieht die diplomatische Kunst des Möglichen darin, mit einer möglichst inklusiven Allianz multilateral gesinnter Staaten die Regelgebundenheit internationaler Beziehungen zu stärken Es darf allerdings nicht der Eindruck entstehen, dass es auch um den Export der ‚richtigen' inneren Ordnung von Staaten gehe. Der Umfang von Außenpolitik liege in seinem ganzen Umfang neben der Diplomatie in militärischen, wirtschaftlichen und kulturellen Mitteln, um Frieden zu sichern, Krisen abzuwenden, soziale Verwerfungen aufzufangen und neue Ordnungselemente wirksam werden zu lassen und längerfristige Gestaltungschancen zu entwickeln.

Im Blick auf eine stabile, dem Frieden verpflichtete Weltordnung scheint sich aber schon ein neuer Konflikt für die Weltgemeinschaft anzubahnen.

Die Arktis wird zum Objekt widerstreitender Interessen und Machtkonflikte, zum Ort politischer Rivalität.

Großmächte USA, China und Russland ringen um die Vorherrschaft im arktischen Raum, einer geopolitisch, ökonomisch und strategisch wichtigen Nordpol-Region. Infolge der Klimaerwärmung und Eisschmelze gewinnen neue Seewege und wertvolle Ressourcen stetig wachsende wirtschaftliche Bedeutung. Durch den Angriffskrieg Russland auf die Ukraine erscheinen mögliche Wege des Dialogs und der friedlichen Kooperation in absehbarer Zukunft kaum realisierbar. Putins Krieg hat die internationalen Beziehungen auch in der Arktis schwer beschädigt. Ob in Zukunft wieder eine regelbasierte, vertrauensvolle Zusammenarbeit der Arktisstaaten USA, Dänemarks, Finnlands, Islands, Kanadas, Norwegens, Schwedens und Russlands. entstehen kann, entzieht sich einer realistischen Vorhersage.
Aufgrund der russischen Kriegspolitik haben sieben der acht Arktisstaaten ihre Mitwirkung im Arktischen Rat, unter Vorsitz von Russland bis 2023, vorläufig eingestellt. Politisch wird damit ein Politikfeld beschädigt, in dem die internationale Bedeutung Russlands noch ungebrochen war. In Wissenschaft und klimarelevanter Forschung haben alle westlichen Partner ihre Kooperation ausgesetzt und damit letztlich der ganzen Welt geschadet.

FAZIT

Die Weltgemeinschaft wird in einem gewaltigen Transformationsprozess herausgefordert: Soziale Ungleichheiten, Klimakatastrophen, Pandemien, fortschreitende Technologieentwicklungen, Globalisierungsfolgen, Krieg und Suche nach einer zeitgemäßen Weltordnung scheinen die Menschheit zunehmend zu überfordern.
Internationaler Politik wird nicht mehr vom ökonomischen Potenzial geleitet, sondern von Machtinteressen.
Nicht der ökonomische Vorteil einer effizient und möglichst konfliktfrei organisierten, arbeitsteiligen Weltwirtschaft ist entscheidend, vielmehr bestimmt der Zuwachs an politischer Macht und geopolitischem Einfluss die globale Ordnung.
Die weltpolitische Konstellation der regelbasierten multilateralen Ordnung erodiert. Es droht die Rückkehr weltweiter Großmächtekonkurrenz. Der kriegerische Überfall auf die Ukraine und drohende militärische Auseinadersetzungen der Großmächte Russland, China und den USA haben das Konfliktpotenzial zu einer möglichen Weltkatastrophe anwachsen lassen, zumal Nordkorea unter Machthaber Kim Jong Un im September 2022 ein Gesetz für einen präventiven Atomschlag im Fall eines drohenden Angriffs auf die Führung des autoritären Landes verabschiedete.

Fast gleichzeitig warnte Chinas Staats- und Parteichef Xi Jinping Mitglieder der Shanghaier Organisation für Zusammenarbeit (SCO) auf dem Gipfel der Gruppe im usbekischen Samarkand vor Volksaufständen und Einmischung aus dem Ausland: „Die Welt tritt in eine neue Phase der Turbulenzen und der Veränderung ein.“ Es gelte ausländische Kräfte daran zu hindern, „Farbenrevolutionen" (nach Farben oder auch Pflanzen benannt) * anzuzetteln.

Zum wirtschafts- und sicherheitspolitischen Staatenbündnis SCO als globaler Gegenspieler des Westens gehören China und Russland, Indien, Pakistan, der Iran, Kirgistan, Tadschikistan, Kasachstan und Usbekistan. Das Nato-Mitglied Türkei mit dem türkischen Präsident Tayyip Erdogan, - ein so genannter „Dialogpartner“ der SCO - strebt dem türkischen Sender ntv zufolge nach einer Mitgliedschaft in der Organisation.

Die liberale Weltordnung des westlich geführten Bündnisses könnte einer illiberalen Weltordnung mit chinesischen Charakteristika gegenüberstehen. Im Interesse sowohl demokratischer als auch autoritärer Staaten wäre eine lose Zusammenarbeit auf der Basis gemeinsamer Interessen, z.B. beim Klimaschutz kooperativ, in der Wirtschaft jedoch konkurrierend.

* Rosen, - Orange, - Zedern ,-Tulpen ,-Safran- und Jasminrevolution. Politische Bewegungen, um autokratische Systeme durch demokratische Transformationen zu destabilisieren oder abzulösen.

Interessengegensätze, aber auch unterschiedliche Wertorientierungen verweisen auf eine neue Epoche der Bipolarität in unserer Welt.

Zentral stünde unverhandelbar die Verteidigung des Völkerrechts, insbesondere die Unverletzlichkeit der Grenzen, das Recht auf Selbstverteidigung sowie die multilaterale Kooperation innerhalb eines regelbasierten Rahmens mit der UN im Zentrum.

„Bei der diesjährigen Generaldebatte muss es darum gehen, für Hoffnung zu sorgen und die dramatischen Spaltungen der Welt zu überwinden. Diese Hoffnung kann nur durch Dialog und Diskussion entstehen. Das ist das Herzstück der Vereinten Nationen. Diese Hoffnung muss sich gegen alle Spaltungen durchsetzen“,

UN-Generalsekretär Antonio Guterres Rede vor der Vollversammlung der Vereinten Nationen, New York 20.09.2022

ANHANG

„Die Generalversammlung ...

1. *bekräftigt* ihr Bekenntnis zur Souveränität, Unabhängigkeit, Einheit und territorialen Unversehrtheit der Ukraine innerhalb ihrer international anerkannten Grenzen, einschließlich ihrer Hoheitsgewässer;
2. *missbilligt auf das Schärfste* die Aggression der Russischen Föderation gegen die Ukraine unter Verstoß gegen Artikel 2 Absatz 4 der Charta;
3. *verlangt,* dass die Russische Föderation ihre Gewaltanwendung gegen die Ukraine sofort einstellt und jede weitere rechtswidrige Androhung oder Anwendung von Gewalt gegen jedweden Mitgliedstaat unterlässt;
4. *verlangt außerdem,* dass die Russische Föderation alle ihre Streitkräfte unverzüglich, vollständig und bedingungslos aus dem Hoheitsgebiet der Ukraine innerhalb ihrer international anerkannten Grenzen abzieht;
5. *missbilligt* die Entscheidung der Russischen Föderation vom 21. Februar 2022 im Zusammenhang mit dem Status bestimmter Gebiete der Regionen Donezk und Luhansk in der Ukraine als eine Verletzung der territorialen Unversehrtheit und der Souveränität der Ukraine und als mit den Grundsätzen der Charta unvereinbar;
6. *verlangt,* dass die Russische Föderation die Entscheidung im Zusammenhang mit dem Status bestimmter Gebiete der Regionen Donezk und Luhansk in der Ukraine unverzüglich und bedingungslos rückgängig macht;
7. *fordert* die Russische Föderation *auf,* sich an die in der Charta und in der Erklärung über freundschaftliche Beziehungen[1] verankerten Grundsätze zu halten;
8. *fordert* die Parteien *auf,* sich an die Minsker Vereinbarungen zu halten und in den einschlägigen internationalen Rahmen, einschließlich des Normandie-Formats und der Trilateralen Kontaktgruppe, konstruktiv auf deren vollständige Durchführung hinzuwirken;
9. *verlangt,* dass alle Parteien den sicheren und ungehinderten Durchlass zu Zielen außerhalb der Ukraine ge-

statten und den raschen, sicheren und ungehinderten Zugang zu humanitärer Hilfe für die Hilfebedürftigen in der Ukraine erleichtern, dass sie Zivilpersonen, einschließlich des humanitären Personals, und Menschen in verletzlichen Situationen, darunter Frauen, ältere Menschen, Menschen mit Behinderungen, indigene Völker, Migrantinnen und Migranten und Kinder, schützen und die Menschenrechte achten;

10. *missbilligt* die Beteiligung von Belarus an dieser rechtswidrigen Gewaltanwendung gegen die Ukraine und fordert das Land auf, seinen internationalen Verpflichtungen nachzukommen;
11. *verurteilt* alle Verletzungen des humanitären Völkerrechts sowie alle Menschenrechtsverletzungen und -übergriffe und fordert alle Parteien auf, die einschlägigen Bestimmungen des humanitären Völkerrechts, einschließlich der Genfer Abkommen von 1949[2] und des Zusatzprotokolls I von 1977[3], soweit anwendbar, strikt einzuhalten und die internationalen Menschenrechtsnormen zu achten, und verlangt in dieser Hinsicht ferner, dass alle Parteien die Schonung und den Schutz des gesamten Sanitätspersonals und ausschließlich medizinische Aufgaben wahrnehmenden humanitären Personals, seiner Transportmittel und Ausrüstung sowie der Krankenhäuser und anderer medizinischer Einrichtungen gewährleisten;
12. *verlangt*, dass alle Parteien ihren nach dem humanitären Völkerrecht bestehenden Verpflichtungen vollständig nachkommen, die Zivilbevölkerung und zivile Objekte zu schonen, für die Zivilbevölkerung lebensnotwendige Gegenstände weder anzugreifen noch zu zerstören, zu entfernen oder unbrauchbar zu machen und humanitäres Personal und für humanitäre Hilfseinsätze verwendete Sendungen zu schonen und zu schützen;
13. *ersucht* den Nothilfekoordinator, 30 Tage nach der Verabschiedung dieser Resolution einen Bericht über die humanitäre Lage in der Ukraine und über die humanitären Maßnahmen vorzulegen;
14. *fordert nachdrücklich* die sofortige friedliche Beilegung des Konflikts zwischen der Russischen Föderation und der Ukraine durch politischen Dialog, Verhandlungen, Vermittlung und andere friedliche Mittel;

15. *begrüßt und fordert nachdrücklich* die fortgesetzten Anstrengungen des Generalsekretärs, von Mitgliedstaaten, der Organisation für Sicherheit und Zusammenarbeit in Europa und anderer internationaler und regionaler Organisationen zur Unterstützung der Deeskalation der aktuellen Situation sowie die Anstrengungen der Vereinten Nationen, namentlich des Krisenkoordinators der Vereinten Nationen für die Ukraine, und humanitärer Organisationen zur Bewältigung der humanitären Krise und der Flüchtlingskrise, die durch die Aggression der Russischen Föderation entstanden sind;
16. *beschließt*, die elfte Notstandssondertagung der Generalversammlung vorläufig zu vertagen und den Präsidenten der Generalversammlung zu ermächtigen, die Tagung auf Antrag von Mitgliedstaaten wiederaufzunehmen."

"Der Nebel der Pandemie des Jahrhunderts hat sich noch nicht verzogen, der Rauch lokaler Konflikte steigt wieder auf, die Mentalität des Kalten Krieges und Blockpolitik sind zurückgekehrt. Unilateralismus und Protektionismus nehmen zu. Die wirtschaftliche Globalisierung stößt auf Gegenströmungen. Die Menschheit steht am Scheideweg."

Xi Jinping, Shanghaier Organisation für Zusammenarbeit (SCO), 16.09.2022

„Wir leben nun in einer völlig neuen Ära“

Henry Kissinger, Juli 2022

Quellen

Applebaum. Anne, „Roter Hunger“, Siedler Verlag, München 2019

Bahro, Rudolph, Die Alternative Zur Kritik des real existierenden Sozialismus, Berlin: Verl. Tribüne, 1990

Bascha Mika, Frankfurter Rundschau, 12.2.2022

Belton, Catherine, „Putins Netz“ Wie sich der KGB Russland zurückholte und dann den Westen ins Auge fasste, Harper Collins 2022

Francis Fukuyama, „Ende der Geschichte“ , München: Kindler 1992

Kissinger, Henry A, ”Staatskunst”, C.Bertelsmann, 2022

Kissinger, Henry A, „Weltordnung“. C. Bertels mann, München 2014

Miegel, Meinhard, „Epochenwende“ Gewinnt der Westen die Zukunft? Propyläen Verlag, Berlin 2005

Münkler, Herfried „Marx, Wagner, Nietzsche: Welt im Umbruch“, Rowohlt, Berlin 2021

Ohmae, K., Macht der Triade, Wiesbaden 1985

Opelt, Rüdiger „Problem Zukunft: Es kommt anders, als man denkt“ 2021.

Orzechowski, Peter, „Durch globales Chaos in die Neue Weltordnung“

Perthes, Volker „Einleitung: Navigieren durch Krisenlandschaften«, in: ders. (Hg.), „Krisenlandschaften“. Konfliktkonstellationen und Problemkomplexe internationaler Politik. Ausblick 2017, Berlin: Stiftung Wissenschaft und Politik

Suder, Katrin, Kallmorgen Jan F.: „Das geopolitische Risiko. Unternehmen in der neuen Weltordnung". Campus Verlag, Frankfurt, 2022,

Winkler, Heinrich August, „Der lange Weg nach Westen", München 2000 C.H. Beck Verlag-

Yaffa, Joshua, „Die Überlebenskünstler. Menschen in Putins Russland zwischen Wahrheit, Selbstbetrug und Kompromissen", Econ-Verlag, Berlin 2021.

Würdigung:

Zum Tod von Michail Gorbatschow †

Der Friedensnobelpreisträger und ehemaliger sowjetische Staatschef (1985 - 1991) starb nach langer Krankheit am 30. August 2022 im Alter von 91 Jahren in Moskau. Er galt als Architekt des Endes des Kalten Krieges und schuf die Voraussetzungen für die deutsche Wiedervereinigung. US-Präsident Joe Biden würdigte Gorbatschow als einen "Mann mit einer bemerkenswerten Vision". Dieser habe sich in der Sowjetunion nach Jahrzehnten brutaler politischer Unterdrückung für demokratische Reformen eingesetzt. "Dies waren die Taten einer außerordentlichen Führungspersönlichkeit - einer, die die Vorstellungskraft besaß, eine andere Zukunft für möglich zu halten, und den Mut hatte, ihre gesamte Karriere zu riskieren, um dies zu erreichen. Das Ergebnis war eine sicherere Welt und größere Freiheit für Millionen von Menschen", so US-Präsident Joe Biden. Er ist in einer Zeit gestorben, in der nicht nur die Demokratie in Russland gescheitert ist, sondern in der der russische Präsident Wladimir Putin mit Blick auf die gegenwärtige politische Lage und den russischen Angriffskrieg auf die Ukraine in Europa neue Gräben zieht.

„Stellen wir uns mal einen Augenblick vor, wir hätten einen Mann wie Gorbatschow heute als

Präsidenten in Russland. Die Welt sähe anders aus“, so Friedrich Merz, CDU-Vorsitzender. Bundeskanzler Olaf Scholz (SPD) würdigte den verstorbenen Ex-Präsidenten der Sowjetunion, Michail Gorbatschow, als mutigen Reformer und Staatsmann. Er habe dazu beigetragen, dass der Eiserne Vorhang verschwunden sei, "Demokratie und Freiheit in Europa möglich geworden sind und dass Deutschland vereint werden konnte", so Olaf Scholz.

Aus Sicht der russischen Bevölkerung und dem russischen Präsidenten Wladimir Putin erscheinen die Verdienste Gorbatschows weniger erfolgreich. Sein früherer Vertrauter Alexander Zipko nannte ihn „Anti-Putin“. Ihm fehle nahezu alles, was ein Politiker in Russland brauche, zumal in solch einer Umbruchphase: Härte, Entschlossenheit, Rücksichtslosigkeit, Zynismus. Er sei der große Zauderer gewesen, der zum Schluss die Macht verspielte. „Die Russen muss man mit der Knute oder mit dem Glauben nehmen“, so Zipko.